本书获浙江特殊教育职业学院教材建设基金立项资助

客户服务与管理

主 编 张 磊
副主编 柏 翠 朱佩柔 张开华

电子工业出版社
Publishing House of Electronics Industry
北京·BEIJING

内 容 简 介

本书由校企合作开发编写,以实际企业岗位运营为导向,面向电子商务企业客户服务岗位进行工作任务分析和职业能力分析。本书依据"工作项目→典型工作任务→岗位技能要求→相关知识"逻辑主线,将内容分解为各个工作任务,并以具体的电商平台、商品及业务类型作为工作任务载体,完成工作任务所需要的理论知识和实践技能分析。本书共包含6个项目,从"走进客户服务与管理、网店客服岗前准备",到"做好客户接待和沟通、完善售后服务、管理客户关系",并结合行业发展趋势,最后重点介绍"客户服务发展",内容逻辑清晰、条理分明,同时具有很强的指导性和可操作性。

本书适用于高等职业院校电子商务、市场营销等相关专业,主要面向电商客服、电商运营等岗位,也可以作为相关企业培训员工的参考书。

未经许可,不得以任何方式复制或抄袭本书之部分或全部内容。
版权所有,侵权必究。

图书在版编目(CIP)数据

客户服务与管理 / 张磊主编. -- 北京:电子工业出版社, 2025.4. -- ISBN 978-7-121-50204-0

Ⅰ.F274

中国国家版本馆CIP数据核字第2025MP3842号

责任编辑:刘　洁
印　　刷:天津画中画印刷有限公司
装　　订:天津画中画印刷有限公司
出版发行:电子工业出版社
　　　　　北京市海淀区万寿路173信箱　　邮编:100036
开　　本:787×1092　1/16　　印张:7.75　　字数:198.4千字
版　　次:2025年4月第1版
印　　次:2025年4月第1次印刷
定　　价:39.80元

凡所购买电子工业出版社图书有缺损问题,请向购买书店调换。若书店售缺,请与本社发行部联系,联系及邮购电话:(010)88254888,88258888。

质量投诉请发邮件至zlts@phei.com.cn,盗版侵权举报请发邮件至dbqq@phei.com.cn。
本书咨询联系方式:(010)88254178,liujie@phei.com.cn。

前 言

在数字经济时代,电子商务作为一个充满活力和潜力的领域,不断推动着各行业商业模式的创新和转型。随着行业竞争加剧,网店客服为企业在数字化时代保持竞争优势提供了重要支持。为适应高等职业院校电子商务、市场营销等相关专业课程建设和改革的需要,本书紧密结合当前电子商务领域的发展要求,以真实的生产项目、典型的工作任务和实际案例为基础,通过科学的编排方法和丰富的配套资源,为学生创建理论与实践相结合的教学环境,培养先进的客户服务理念,掌握客户服务技巧,完成客户接待、订单处理、售后服务等日常工作,为将来从事网店客服工作奠定扎实的理论基础和实践经验。

为适应不同学生的学习需求,本书内容生动、直观,并配套无障碍微课等融媒体教学资源。本书的编写团队由经验丰富的职业院校专业教师和行业企业专家共同组成,保证了内容的前沿性、实用性和科学性。

由于编者水平有限及电商行业的快速发展,书中难免有不足之处,希望广大读者、各位专家及同行给予批评指正!

目　录

项目一　走进客户服务与管理 ·· 1
　　任务 1　认识客户服务 ·· 3
　　任务 2　认识客户管理 ·· 11
　　【同步实训】 ··· 15
　　【项目小结】 ··· 15
　　【同步测试】 ··· 15

项目二　网店客服岗前准备 ·· 17
　　任务 1　网店客服的知识储备 ·· 18
　　任务 2　网店客服岗位操作技能 ·· 27
　　【同步实训】 ··· 43
　　【项目小结】 ··· 44
　　【同步测试】 ··· 44

项目三　做好客户接待和沟通 ·· 46
　　任务 1　规范的客服接待流程 ·· 47
　　任务 2　提高付款转化率 ·· 64
　　【同步实训】 ··· 66
　　【项目小结】 ··· 67
　　【同步练习】 ··· 68

项目四　完善售后服务 ·· 69
　　任务 1　了解售后服务 ·· 70
　　任务 2　处理客户纠纷与投诉 ·· 75
　　【同步实训】 ··· 80
　　【项目小结】 ··· 80
　　【同步测试】 ··· 80

项目五　管理客户关系 ·· 82
　　任务 1　建立客户数据库 ·· 83
　　任务 2　做好客户关怀 ·· 86
　　任务 3　搭建互动营销平台 ··· 92

【同步实训】……………………………………………………………………… 95
　　【项目小结】……………………………………………………………………… 101
　　【同步练习】……………………………………………………………………… 102

项目六　客户服务发展 …………………………………………………………… 103
　　任务1　智能客服的应用 ………………………………………………………… 104
　　任务2　直播电商客服兴起 ……………………………………………………… 111
　　【同步实训】……………………………………………………………………… 114
　　【项目小结】……………………………………………………………………… 116
　　【同步测试】……………………………………………………………………… 116

项目一 走进客户服务与管理

 本项目重难点

- 了解客户服务的定义和分类；
- 了解数字化客户服务的内涵；
- 了解网店客户服务的内容及职业素养；
- 了解客户管理的含义及原则；
- 掌握网店客户服务的技能；
- 学会数字化客户服务的方法；
- 掌握客户管理的内容。

 **思维导图**

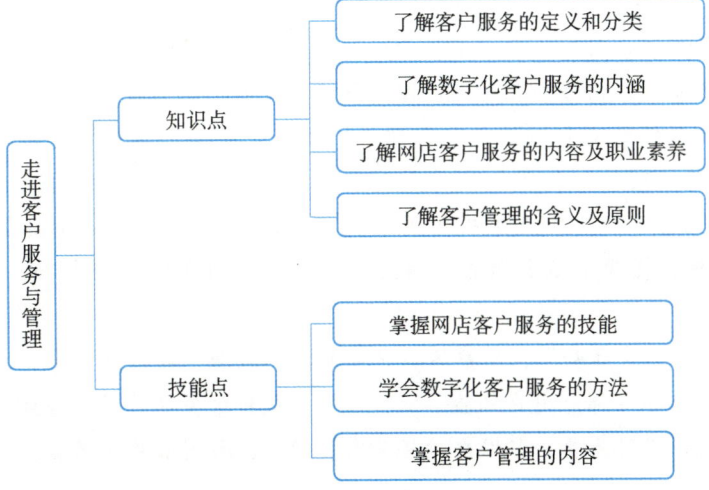

 **案例导入**

三只松鼠：为用户制造惊喜

三只松鼠品牌是吃货们的大爱。其网络营销之路为什么能走得如此顺畅，而且越来越红火，铁杆粉丝遍布各处？一个重要的原因就是三只松鼠为消费者提供了良好的用户体验。别小看"用户体验"这四个字，这可不是每家网店都能做到的。那么，三只松鼠是如何把用户体验做到极致的呢？下面我们从四个角度来进行分析。

（一）通过优秀的视觉体验留住用户，降低跳出率，提高流量

当我们在电脑或手机上打开三只松鼠的店铺页面时，可以感受到一种可爱的"萌"文化，这种"萌"能第一时间吸引消费者的眼球，使之产生新鲜感和浓厚的兴趣。他们在创造一个"森林"甚至一个"星球"，别说是小孩子，即便是大人也会有种开心的感觉，这种设计淡化了浓重的商业气息，隔绝了其他坚果类店铺，让人进入一个具有唯一性、不可比拟的购物环境。

（二）干扰用户思维，加量成交，提升转化

以往，消费者在网络上购买坚果都是论斤论两的，但进入三只松鼠的店铺后，根本就不会想到"斤两买卖"的问题。这意味着消费者的思维已经被干扰了，在潜意识里已经接受了袋装购买。至此，三只松鼠于无形之中给客户灌输了一种思想，即"论袋买坚果，我要买几袋才够吃呢？"自然而然地，消费者在不知不觉中就买了好多袋。

（三）用数字打动用户，降低心理防线，加速转化

对于零食类目，客户在意的通常是"安全"和"价格"两方面。在三只松鼠店铺，我们会看到折扣信息、销量信息、排名信息、价格信息等数据，这些数据都是为了证明两点："可以被信赖"和"并不算贵"，恰到好处地打消了客户的疑虑。当然了，很多人说，三只松鼠现在已经做到类目NO.1了，自然有这么多的数据可以作为支撑，那么早期没有这些数据时，三只松鼠又是如何做的呢？答案是不断地强调商品来源和加工、生产环节：优势产地、自己的大工厂、安全卫生等，这就是他们的前期工作。一系列的图片足以让客户觉得三只松鼠的产品安全、卫生并且不贵，这也是三只松鼠的成功营销之路。

（四）利用图片和文案吸引用户，提高下单量，加速转化

在经营网络店铺时，要想提高销量，必须做好页面优化，包括优化图片和文字。图片就像一道映入眼帘的风景线，精练的文字是促使消费者下单的"绵里针"。图片及文案的好坏是没有固定标准的，网店经营者要做的就是无时无刻不去思考商品描述（商品详情）如何才能做到更好。三只松鼠的图片和文字如此吸引客户，你想象不到他们在每一个模块投入了多少内容和精力，甚至在每一个卖点上投入了多少文字内容和图片，幕后又为了这些内容和图片准备了多少素材，耗费了多少精力。因此三只松鼠做到这样，确实不容易。

【案例分析】

我们一直倡导"用户体验"，用户体验是电商圈的概念，从用户打开页面直至收到商品并体验三个月，每一个环节都是用户体验。三只松鼠的极致服务从设计"极致元素"开始，包括小松鼠形象（松鼠以坚果为食，当用户对坚果有食欲时，看到松鼠就很容易产生共鸣，共鸣是营销文化的精髓之一）、贴心文案（"主人""小美为主人沏杯温暖的花茶""松鼠在身边，温暖您整个冬季"此类文案对用户而言是享受型的，使用户迅速感受到一种强烈的关怀和贴心）以及"萌文化"（"萌"是当下互联网吸引粉丝的法宝之一）。三只松鼠的"极致元素"并不只是一个简单的松鼠形象，而是一种文化。这样的用户体验可以让客户降低心理防线、打消顾虑、增强购买意向，直至产生信赖；还可以有效改变客户的思维、习惯乃至生活方式，成为店铺提升转化率的终极武器。

任务 1　认识客户服务

一、什么是客户服务

在经济全球化和技术革新的时代背景下，客户服务的定义已经发生了显著的变化。客户服务不再仅仅是解决客户问题的后勤支持，而成为了企业战略规划的核心组成部分，关系到企业的品牌形象、客户忠诚度以及市场竞争力的提升。

在当代经济格局中，企业竞争战略主要分为价格和差异化两种基本类型，特别是高质量的客户服务作为一种有效的差异化手段对于企业来说至关重要。当竞争对手在商品的质量、成本和技术方面相匹敌时，提供卓越服务的企业更能满足客户需求，进而赢得其信任和忠诚，成为提升企业市场竞争力的关键因素。在这个服务经济时代，无论企业处于哪个行业，高水平的服务都是挖掘竞争优势和创造新盈利点的核心。因此，企业不仅要注重商品和价格策略，还要将服务质量作为提升品牌影响力和客户满意度的重要手段，以此来确保自身在激烈的市场竞争中脱颖而出。

1. 客户服务的定义

客户服务是一个多维度的概念，涵盖了从前端的客户互动到后端的支持流程，涉及从企业文化到战略规划的各个方面。优质的客户服务不仅能解决问题，还能创造价值，提升客户体验，反映企业价值观，从而在竞争激烈的市场中赢得优势。客户服务从不同的角度看有不同的定义。

① 创造价值：客户服务可以被看作一个创造价值的过程，企业通过理解和满足客户的需求和期望，为客户提供增值服务，从而增强客户满意度和忠诚度。在这个过程中，客户服务不仅要应对客户询问，更是一种在客户与企业之间建立信任和联系的手段。

② 客户体验：客户服务是客户体验的关键组成部分。它涉及客户与企业互动的每一个触点，包括但不限于商品使用、购买过程、售后支持等。优质的客户服务能够确保在所有触点上为用户提供一致、积极的体验，从而增强客户对品牌的整体印象和满意度。

③ 持续改进：客户服务不是一成不变的，而是一个需要不断评估和改进的过程。企业需要定期收集客户反馈，分析客户服务中的不足，并采取措施进行优化和改进，以适应客户需求的变化和市场环境的发展。

基于上述定义，我们认为客户服务是企业在适当的时间和地点，以适当的方式和价格，为目标客户提供适当的商品和服务，满足客户的适当需求，使企业和客户的价值都得到提升的过程。这就要求企业要确保服务的可用性能够满足客户多样化的需求，以公平合理的价格、定制化的服务方式增强客户的满意度和忠诚度，这也意味着企业拥有更高的客户保留率，市场份额和盈利能力将不断提升。

在"以客户为中心"的时代，很多优秀的公司都把为客户提供优质的服务作为公司的核心价值观，尽管每个企业提供的服务标准、服务细节、服务形式都不一样，但所有优质的客户服务都必须具备以下特点。

① 及时性：快速响应客户的咨询和问题是优质客户服务的基本要求。及时性意味着企业能够在最短的时间内对客户的需求做出反应，无论是通过电话、电子邮件、在线聊天软件，还是社交媒体。

② 可达性：优质的客户服务应该易于获取，这意味着客户可以通过多种渠道轻松地联系到企业，包括电话、电子邮件、社交媒体等，且这些渠道的可用性应覆盖广泛的时间范围，甚至能 24 小时不间断地为用户提供服务。

③ 准确性：提供准确、正确的信息和解决方案是优质服务的核心。这包括对商品或服务有深入的了解，以及具备能够准确理解客户问题和需求的能力。

④ 一致性：无论客户通过哪个渠道或何时联系企业，都应获得一致的服务体验。这要求企业在不同的渠道、团队成员之间保持信息和服务标准的一致性。

⑤ 专业性：优质的客户服务团队应具备专业的知识和技能，能够有效地解答客户的咨询和解决客户的问题，这不仅包括商品或服务方面的专业知识，还包括沟通技巧和问题解决能力。

⑥ 透明性：在处理客户问题时要保持透明，诚实地通报问题处理进度和结果，即使是负面消息也不回避，这样可以有效取得客户的信任。

2. 客户服务的分类

由于行业不同、商品不同，客户服务的具体内容和方式也存在很大的差别。依照不同的划分标准，可以对客户服务进行分类。

（1）按服务的时序分类

① 售前服务。售前服务是指在销售商品之前为客户提供的服务，主要是充分研究和分析客户心理，用各种服务方式激发客户的购买欲望，为销售活动做好准备，保证销售任务的完成。

② 售中服务。售中服务是指在销售过程中为客户提供的服务，是客户服务的中心环节。

③ 售后服务。售后服务是指在商品出售后为客户提供的服务。售后服务既是一种促销手段，也是一种扩大企业影响、树立企业形象的有效方法，企业必须予以重视。

（2）按服务的费用分类

① 无偿服务。无偿服务是指企业向客户提供的不收取费用的服务，一般是附加的、义务性的服务，售前、售中、售后的多数服务都是免费的。

② 有偿服务。有偿服务是指企业在向客户销售商品时提供的收费服务，一般是在规定之外应客户要求提供的个性化增值服务。

（3）按服务的性质分类

① 技术性服务。技术性服务是指企业向客户提供的与商品的技术和效用有关的服务，由专门的技术人员提供，主要包括安装、调试、维修及技术咨询、技术指导、技术培训等。

② 非技术性服务。非技术性服务是指企业向客户提供的与商品的技术和效用无直接关系的服务，主要包括广告宣传、送货上门、信息指导、分期付款等。

二、数字化客户服务

在大数据时代，无论是探究行业的发展趋势，还是分析行业的经营情况，都离不开大数据。

客户服务可以通过数字化的方法来实现，通过大数据提供的客户标签、偏好、消费习惯，结合商品使用场景输出满足客户需求的解决方案，实现精准服务。

在人工智能技术快速发展的背景下，智能客服的快速发展是数字化客户服务最明显的表现之一。对于重复性的简单问题，智能客服可以缩短客户等待时长，减少企业的人力成本。尤其对于服饰、美妆、食品等快消行业来说，智能客服能够提高服务效率，改善客户体验。阿里巴巴客服全链路智能解决方案如图 1-1 所示，当消费者进行在线咨询时，会有智能对话机器人（小蜜系列）提供服务，机器人可以回答大多数问题，无法回答的问题将转到人工咨询（蜂槽系列）作为智能辅助方案，帮助客服定位消费者问题，并提供答案。在面对交易纠纷等复杂情况时，智能决策系统（瓦力系列）会处理当前订单的一系列状态信息，机器人处理完后再交给客服去判断，从而使服务更有温度。

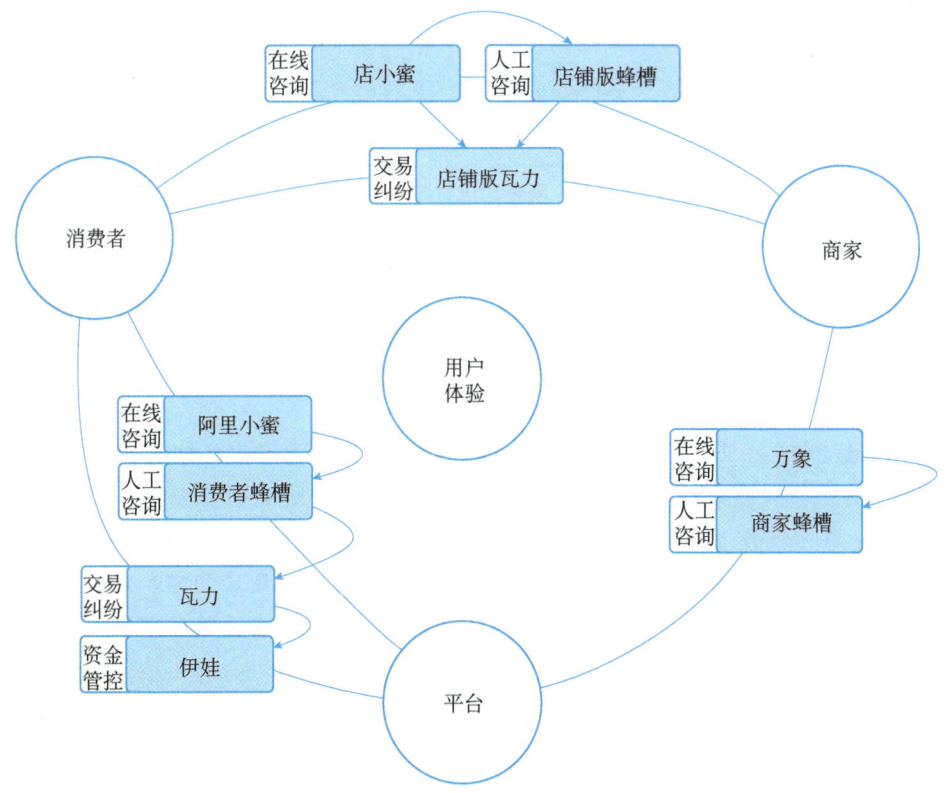

图 1-1 阿里巴巴客服全链路智能解决方案

阿里巴巴智能客服架构如图 1-2 所示，小蜜会话机器人是架构的核心，包括对话管理系统、知识图谱、算法优化工具和机器人开发平台等，支撑上层全套业务，还支持淘宝和天猫商家以及中小企业使用。机器人背后还有一系列智能系统，包括智能对话辅助、智能决策/工单自动化、智能质检等。

对于客户服务行业发展来说，从人力密集的本地呼叫中心转变为"云上智能+众包"服务，以问题为中心的客户服务将升级为以用户为中心的智能助理，任何企业或商家都可以随时基于自身数据，在云端一键生成一个 AI 服务机器人。

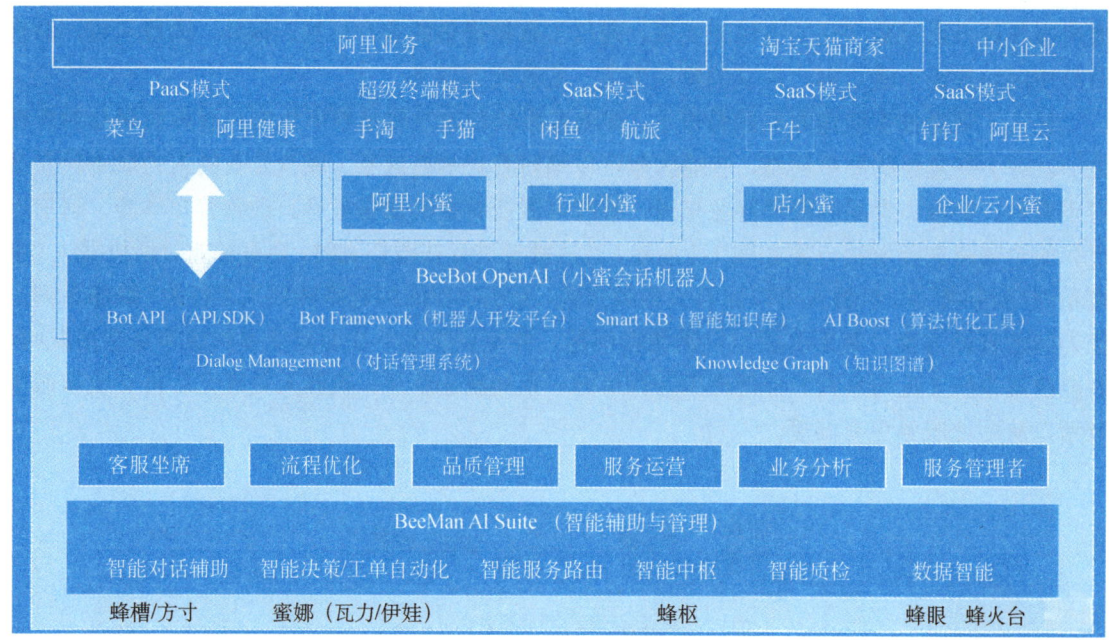

图 1-2　阿里巴巴智能客服架构

想一想：在未来，智能客服能否完全取代人工客服？

 同步阅读 1-1

智能客服真的能取代人工客服吗

阿里小蜜

阿里小蜜在 2016 年正式上线，其与手机淘宝深度整合，是阿里巴巴首款智能助理，以 AI 和人工结合的方式提供智能购物、极速服务等私人助理体验。阿里小蜜覆盖阿里巴巴生态圈 20 余个业务 BU，每天服务 600 万名消费者，当前智能解决率达到 90%以上。在 2023 年"双十一"购物节期间，阿里小蜜处理了平台上 97%的在线客服互动，覆盖了淘宝和天猫等购物平台。在这些互动中，阿里小蜜独立解决了大约 70%的问题，展现了其在高效处理和响应客户查询方面的先进能力。

在人机交互行业生态领域发展的大背景下，面向智能服务领域，阿里小蜜在不断地升级与变迁，传统客服模式与智能客服模式分别如图 1-3 和图 1-4 所示。

阿里小蜜赋能各领域生态圈示意图如图 1-5 所示。

图 1-6 是阿里小蜜的商品功能，很多咨询业务都可以通过小蜜来回答。作为人工智能助理，小蜜除了可以解决用户的业务咨询类问题、缓解人工压力，也兼备其他助理业务，包括查天气、买机票、充话费等；同时，还可以通过多轮会话完成导购助理的工作，通过主动引导的方式推荐商品标签，收集用户意图，最终为用户挑选出能满足他们需求的商品。

在店小蜜中，首先要解决的是每个商家都有的问题，如物流问题。其次，每个行业的商品都有不同的特点，比如手机行业可能会有一些手机硬件和参数的问题，服饰行业可能会有其特有的问题。所以要先对不同的行业制定相应的本体模型，然后针对自定义的 QA 模型进行配置和输入，如图 1-7 所示。

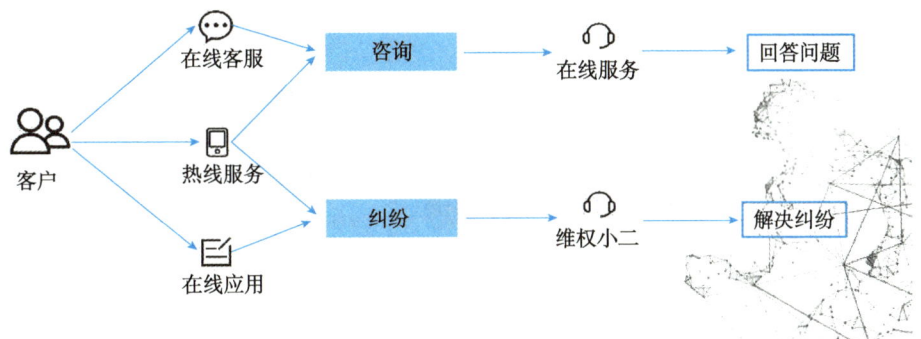

图 1-3　传统客服模式

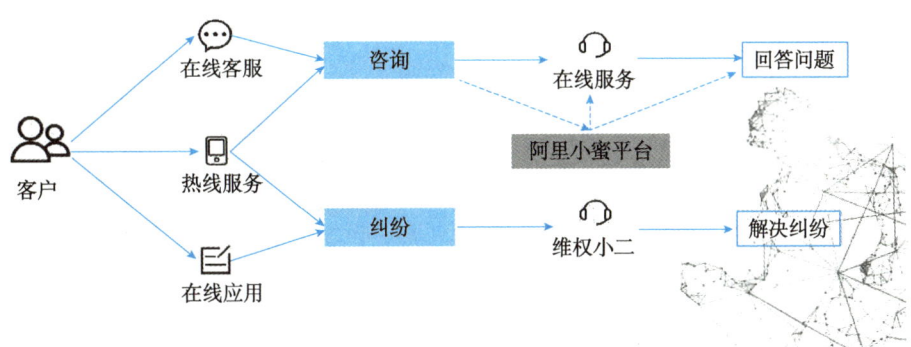

图 1-4　智能客服模式

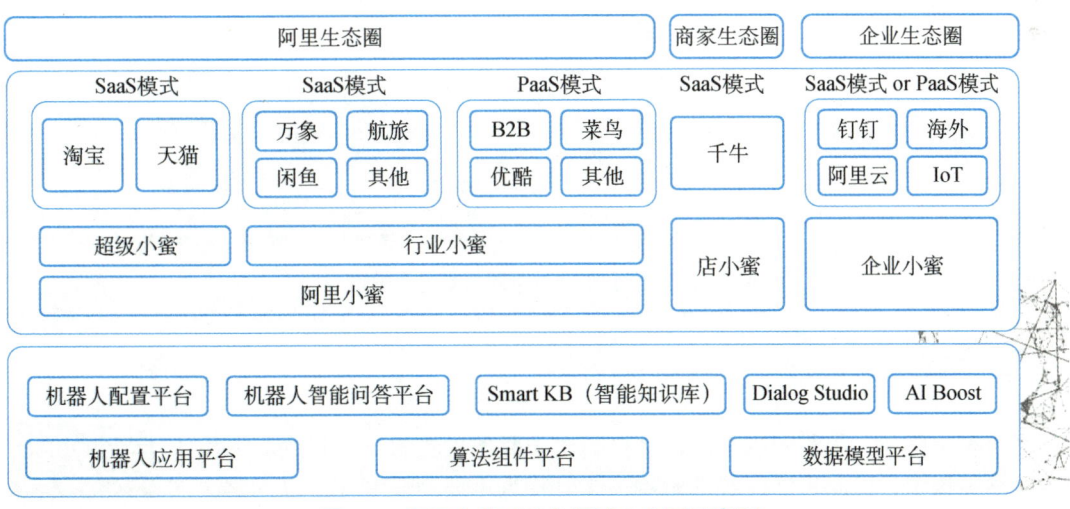

图 1-5　阿里小蜜赋能各领域生态圈示意图

阿里小蜜

- 覆盖领域
  - 客户服务
  - 导购
  - 通用助理
  - 闲聊
  - 运营活动
  - ……

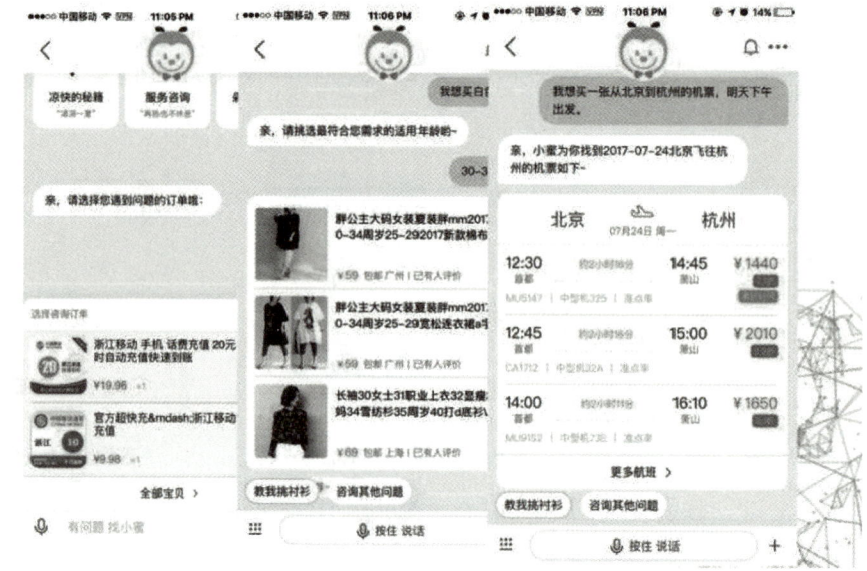

图 1-6 阿里小蜜的商品功能

阿里小蜜

- 特点：
  - 通用本体模型：物流
  - 行业本体模型：手机、服饰
  - 自定义QA模型

图 1-7 阿里小蜜针对不同商家的个性设置

三、网店客户服务

网店客户服务，简称网店客服，是伴随电子商务兴起的一个职业。它是指在网络零售中，以阿里旺旺等即时聊天工具作为主要沟通方式，以文字、图片等形式为客户提供商品、订单、支付、退换货、物流等方面的相关服务。网店客服分为售前、售中、售后三大类，但是大多数网店基于企业规模和经营成本考虑，将网店客服分为售前客服和售后客服。售前客服的主要职责是为客户提供购物过程中的商品咨询服务，侧重导购功能，更注重订单的转化

如何正确认识网店客服

率和客单价的提升。售后客服的主要职责是解决店铺的售后问题，包括查单、退货退款等普通售后问题，以及评价解释和投诉纠纷等造成店铺不良后果的特殊售后问题。

积累了多年网络购物经验的消费者对网络购物的态度变得越来越理性，要求也越来越高、越来越多元化，这不仅表现在价格方面，还表现在品牌、品质、服务等各方面。他们追求更好的购物体验，并直接决定其最终的购买行为。在整个网络交易过程中，网店客服作为直接面向客户、为客户提供服务的人员，其职业素养和职业技能成为决定客户购物体验好坏的重要因素之一。

1. 网店客服的职业素养

（1）持续学习是基础

持续学习不仅是一种职业素养，更是一种必备的能力。随着电子商务环境的不断演变和技术的快速进步，网店客服面对的挑战和需求也在持续变化。持续学习使得网店客服能够及时更新自己的商品知识库、掌握最新的客服技术和工具、理解和适应市场趋势及消费者需求变化，及时调整服务策略，为客户提供准确和及时的信息。

通过持续学习，网店客服不仅可以提高自己的专业技能，还可以拓宽自己的职业路径，比如向客户关系管理、商品管理等领域发展。在客服团队中，每个成员都可能有不同的专长和学习成果，通过持续学习并分享彼此的知识和经验，整个团队可以共同进步，提高解决问题的能力，促进服务创新。

（2）服务意识是底线

良好的服务意识体现了网店客服对客户需求的敏感度、满足客户需求的决心以及为客户提供超出期望服务的愿望。这种意识对于建立客户信任、提升客户满意度以及促进企业长期发展至关重要。在日常工作中，网店客服应时刻保持对客户需求的高度关注。在面对客户提出的问题时，网店客服需要积极主动地寻找解决方案，保持冷静和耐心，通过有效的沟通技巧来安抚客户的情绪，理解客户的真实需求，并提供合理的解决方案。服务意识是维护企业形象和品牌声誉的基石，强烈的服务意识对于塑造正面的企业形象、提升品牌竞争力具有重要意义。

（3）心态是保障

心态是确保高效服务的重要保障。心态涵盖了积极的工作态度、应对挑战的韧性，以及面对压力时的冷静自持。这不仅影响网店客服处理日常工作的能力，也直接关系到能否在面对客户不满、投诉甚至冲突时保持专业和礼貌的态度。积极的心态能使网店客服以更开放的视角看待问题，从而更有效地寻找解决方案，同时也有助于其快速从失败或挫折中恢复过来，保持工作的连贯性和高效性。此外，良好的心态还有助于建立团队成员间的积极互动，共享知识和经验，从而提升整个团队的服务质量和工作氛围。因此，心态不仅是个人应对工作中各种情况的心理保障，也是维护和提升整个团队工作效率和服务质量的关键因素。在快节奏、高压力的网店客服工作中，培养和保持良好的心理素养，对于每一位客服人员来说，都是实现职业成功和个人成长的基础。

（4）沟通应变是能力

沟通应变能力是网店客服的一项核心能力，它直接影响到客服人员能否有效地解决客户问题，主要包含以下几个方面。首先是快速理解客户需求的能力，即在短时间内准确把握客户的问题和需求。其次是信息表达的清晰度和准确性，能够用客户容易理解的方式明确、简洁地传达信息。最后是应对不同客户情绪和行为的灵活性，包括在面对挑战性对话或负面情绪时保持冷静和专业，以及能够采取不同的沟通策略来适应不同客户的特点和需求。此外，沟通应变能力还涉及在对话中快速思考和提供解决方案的能力，能够在客户尚未明确提出要求之前预见可能的问题并主动提供帮助。这种能力不仅提高了网店客服解决问题的效率，也体现了其超前的服务意识，增强了客户的信任感和满意度。因此，沟通应变能力是网店客服工作中不可或缺的一项专业技能，对于提升客服质量、构建良好的客户关系具有重要意义。

（5）团队协作是助力

在网店客服行业中，团队协作被视为实现高效服务和优化客户体验的重要助力。良好的团队协作能力意味着每位客服人员不仅能够独立处理本职工作中的问题，还能与团队成员共享信息、资源，以及提出解决方案，共同面对挑战。这种协作精神在处理复杂问题或应对高峰期客户咨询时尤为重要。通过有效的沟通和协调，团队成员可以迅速集合各自的专长和知识，形成合力，提高问题解决的速度和质量。此外，团队协作还包括相互学习和支持，这对于提升整个团队的专业技能和服务水平至关重要。更重要的是，良好的团队协作能够营造一个积极向上的工作氛围，增强团队成员的归属感和满足感，从而提高工作效率和降低员工流失率。因此，团队协作不仅是网店客服必须具备的职业素养，也是提高客服团队整体表现、确保客户满意度的关键因素。

2. 网店客服的职业技能

① 由于网店客服需要通过打字与客户沟通，因此要求中文盲打速度达到60字/分钟以上，准确率达到95%以上。

② 由于网店客服通过互联网进行工作，因此必须了解互联网文化。

③ 由于网店客服使用网络通信工具工作，因此必须会操作常用电商销售平台、即时通信工具。

④ 能够熟练应用Office办公软件。

⑤ 具备一定的商品知识。

⑥ 具备一定的文字写作能力，能与客户进行良好沟通，解答客户提出的各种问题。

同步阅读 1-2

天猫客服招聘简章

（1）企业介绍

港仔文艺男是一家拥有1000多万粉丝的店铺，秉承"文艺+潮酷"的自我品格，将穿搭时尚视为轻松、逐潮的趣事，致力于为18~30岁的年轻男性打造潮流单品。

（2）岗位职责

① 售前咨询：运用在线聊天工具为消费者提供咨询服务，引导用户下单购买。

② 订单处理：熟练操作淘宝、天猫、第三方平台等后台。

③ 售后处理：对消费者的退换货需求进行处理，减少投诉和中差评。

（3）任职资格

① 有耐心和责任心、学习能力强、服务意识强。

② 热爱电子商务行业，有网店客服经验者优先。

③ 熟练应用Office软件，打字速度在60字/分钟以上。

④ 能够适应早晚倒班。

⑤ 优秀应届毕业生优先。

（4）工作时间

早班 8:30—17:30；晚班 16:30—23:00（早晚班轮休，一星期调节一次）。

（5）公司福利

提供食宿，住宿环境优越，提供午餐补贴。

任务 2　认识客户管理

一、客户管理的作用

1. 提高客户满意度和忠诚度

提高客户满意度和忠诚度在客户管理中发挥着至关重要的作用，它们是衡量企业成功与否的关键指标。客户满意度反映了客户对企业提供的商品或服务的满意程度，而客户忠诚度则体现了客户对品牌的忠诚度以及继续购买和推荐商品或服务的意愿。

通过有效的客户管理，企业能够更好地理解客户需求，提供个性化的服务和体验，从而提升客户的满意度。高满意度的客户更有可能转化为忠实客户，这些忠实客户不仅会重复购买，还会通过口碑推荐来吸引新客户，从而降低企业的营销成本并提升品牌声誉。

此外，忠诚客户对价格变动的敏感度较低，更愿意为高质量服务支付溢价，增强企业的盈利能力。因此，提升客户满意度和忠诚度是构建企业长期竞争优势、实现可持续增长的关键策略，它要求企业持续投入资源和精力，通过优化商品、服务和客户体验来实现。

2. 增强企业竞争力

在当前激烈的市场竞争环境中，增强企业竞争力成为企业生存和发展的关键。客户管理在此过程中扮演着至关重要的角色。通过有效的客户管理，企业能够深入了解客户需求和偏好，定制更精准的、能满足市场需求的商品和服务，从而增强企业竞争力。这不仅有助于锁定现有客户基础，减少客户流失量，还能通过口碑效应吸引新客户，增加市场份额。同时，客户管理的数据分析功能使企业能够捕捉市场动态和消费趋势，快速响应市场变化，推出创新商品和服务，进一步巩固和扩大企业的市场地位。

此外，优秀的客户管理实践能够显著提高企业运营效率，降低成本，提升盈利能力，增强企业的财务实力。通过构建强大的客户关系，企业不仅能够在现有市场中稳固根基，还能够探索新的增长机会，实现长期发展。因此，客户管理是企业增强竞争力、实现可持续发展的重要工具。

3. 促进商品和服务改进

客户管理在促进商品和服务改进方面起着至关重要的作用，通过收集和分析客户反馈，为企业提供了宝贵的洞察力，帮助企业理解客户的真实需求和期望。这种直接从客户方获得的反馈是企业改进商品和服务、提升客户满意度的关键。客户管理可以帮助企业有效地追踪客户的使用情况、偏好以及他们对商品或服务的看法，从而发现商品或服务中存在的问题和不足。利用这些信息，企业可以有针对性地对商品或服务进行改进，增加新功能，或调整服务流程，以更好地满足客户的需求。

此外，通过持续的客户管理，企业还能够捕捉潜在的市场趋势和客户未明确表达的需求，从而引导商品创新和服务创新，提前占领市场。这种以客户为中心的持续改进和创新不仅能够提高现有客户的满意度和忠诚度，还能吸引新客户，增强企业的市场竞争力。因此，客户管理是推动企业不断进步，实现商品和服务优化的重要力量。

4. 构建双赢的长期关系

客户管理在构建企业与客户之间双赢的长期关系方面扮演着核心角色。这种关系基于对客户需求的深刻理解和满足，以及在此基础上不断提升商品和服务价值。通过有效的客户管理，企业能够与客户建立起一种互信和互利的合作关系，企业通过提供高质量的商品和服务来满足客户的需求，而客户则以忠诚和持续的消费来回报企业。这种长期关系的建立，不仅可以提高客户的满意度和忠诚度，降低客户流失率，还可以通过口碑效应吸引新客户，从而降低营销成本并增加收入。

此外，与客户建立稳固的长期关系还能为企业提供持续的市场反馈和建议，这些宝贵的信息可以帮助企业更好地了解市场趋势，引导商品和服务的创新，进一步增强企业的竞争力。在这种双赢的合作模式下，企业能够实现可持续发展，客户也能从中获得更大的价值，从而形成良性循环，推动企业与客户关系的长期稳定发展。因此，企业通过客户管理来构建与客户之间双赢的长期关系，是其走向成功的关键策略。

二、客户管理的内容

1. 客户数据管理

客户数据管理是客户管理系统的核心组成部分，它涉及对客户信息的收集、存储、维护、分析和保护等一系列活动。客户信息可能包括个人身份信息、联系方式、购买历史、偏好设置、服务反馈以及互动记录等。良好的客户数据管理不仅能够帮助企业深入了解客户的需求和行为模式，还能够为企业提供个性化服务、制定精准营销策略以及改进商品和服务提供强有力的数据支持。在进行客户数据管理时，企业需要确保数据的准确性和时效性，定期更新客户信息，以保证数据的有效性。

客户不是数据而是关系

同时，数据分析是客户数据管理不可或缺的一部分，通过对客户数据的深入分析，企业可以识别市场趋势、预测客户行为、评估营销活动的效果，并据此做出更明智的业务决策。此外，随着数据隐私和安全问题的重要性日益凸显，企业在进行客户数据管理的过程中还必须严格遵守相关法律法规，确保客户数据的安全和隐私得到充分保护。总之，有效的客户数据管理对于构建客户关系、提升客户满意度和推动企业成长具有至关重要的作用。

2. 客户营销管理

客户营销管理是客户管理的一个重要组成部分，它侧重于通过各种营销活动和策略来吸引新客户、维护现有客户关系以及增加客户价值。这一过程通过客户数据分析来深入了解客户需求、偏好和行为模式，从而制定更具个性化和精准化的营销策略。客户营销管理的核心在于实现市场细分和目标市场的精确定位，确保营销信息能够有效地触达最有可能产生反应的客户群体。

此外，客户营销管理包括营销渠道的选择和管理，比如电子邮件营销、社交媒体营销、在线广告营销以及传统的直邮营销等，旨在通过多渠道策略覆盖更广泛的客户。客户营销管理的一个重要方面是通过持续的交互和沟通来建立与客户的长期关系，包括定期发送个性化的商品推荐、提供特殊优惠和参与反馈征集等活动。这些做法有助于提升客户满意度和忠诚度，促进客户保留度。有效的客户营销管理能够显著提高营销活动的 ROI（投资回报率），增强品牌忠诚度，推动企业收入的增长，因此对于企业实现可持续发展具有重要意义。

3. 客户服务管理

客户服务管理是客户管理体系中至关重要的一环，它专注于为客户提供及时、高质量的服务和支持，以解决客户在购买和使用商品或服务过程中遇到的问题。这一过程涉及建立有效的服务渠道，如呼叫中心、在线聊天工具、社交媒体平台和自助服务门户，确保客户能够通过多种途径轻松地获得帮助。客户服务管理的核心目标在于提升客户满意度和忠诚度，通过解决客户问题，增强客户对品牌的信任和依赖。为了实现这一目标，企业需要对客服人员进行专业培训，确保客服人员具备必要的商品知识、沟通技巧和解决问题的能力。

此外，客户服务管理还包括对服务过程的监控和评估，比如通过对服务满意度调查和客户反馈来收集数据，这些数据对于识别服务短板、优化服务流程以及制定改进措施至关重要。通过高效的客户服务管理，企业不仅能在客户遇到问题时为其提供及时帮助，还能通过积极的服务体验增强客户的品牌忠诚度，从而在竞争激烈的市场中脱颖而出，实现可持续发展。

4. 客户互动管理

客户互动管理是客户管理的关键组成部分，它着重于跟踪和优化企业与客户之间的每一次接触和互动。这种管理的核心目标在于通过每一次互动增强客户体验，建立和维护积极的客户关系，从而提升客户满意度和忠诚度。在客户互动管理过程中，企业需要利用客户数据和分析工具来了解客户的需求、偏好和行为模式，以便在适当的时间通过适当的渠道以最合适的方式与客户进行互动。有效的客户互动管理意味着能够灵活地应对客户的反馈和需求变化，为客户提供个性化的服务和解决方案，使客户感到被重视和被理解。

此外，通过记录和分析客户互动历史，企业可以不断地优化互动策略，提高互动效率，从而减少不必要的重复沟通，提高客户满意度。在现代市场环境下，客户互动管理已成为构建长期客户关系、提升品牌忠诚度和竞争力的重要手段。通过有效的客户互动管理，企业不仅能够响应客户需求，还能预见客户需求，为企业带来更深层次的市场洞察和业务机会。

三、客户管理的原则

1. 动态管理

动态管理原则在客户管理中强调企业需要具备灵活性和适应性，以便及时响应市场变化、客户需求的演进以及新兴技术的发展。这意味着企业不仅要在固定的时间点理解客户需求，而且要持续跟踪这些需求如何随时间变化，以确保其提供的商品或服务始终符合客户的预期。动态管理原则要求企业建立起一套能够快速捕捉市场信号、客户反馈和行为模式的机制，利用先进的数据分析工具和客户关系管理系统来实现这一点。

此外，动态管理还要求企业内部具备高度的协作和沟通能力，确保从最前线的客户服务团队到商品开发、市场营销等部门都能共享客户洞察和反馈信息，共同参与到快速的决策和执行过程中。通过动态管理，企业能够更敏捷地调整策略和操作，不仅能够提升客户满意度和忠诚度，还能增强企业的市场竞争能力和创新能力。简而言之，动态管理原则要求企业保持开放和灵活的态度，不断学习和适应，以确保在不断变化的市场环境中实现可持续发展。

2. 全员参与

全员参与原则在客户管理中强调构建和维护客户关系不仅是客户服务部门的职责，更是企业每个员工的共同任务。这一原则体现了每个部门和员工在提升客户满意度和忠诚度的过程中都扮演着重要角色，包括直接面对客户的前线员工，以及提供背后支持的商品、技术和管理团队。全员参与意味着企业需要建立一种以客户为中心的企业文化，鼓励所有员工理解并关注客户需求和体验，以及自己的行为如何影响最终的客户满意度。这要求企业在培训和激励机制上下功夫，确保员工不仅拥有必要的客户服务技能和商品知识，还拥有积极主动改善客户体验的意识和动力。通过全员参与，企业能够在各个接触点上为客户提供一致且高质量的客户体验，从而在客户心中树立强大的品牌形象。

此外，这种跨部门的协作和信息共享机制有助于快速识别并解决客户问题，促进商品和服务的持续改进。总之，全员参与原则通过激发每位员工的潜力，加强团队合作，为企业提供了提升客户管理效果的强大动力。

3. 数据驱动

数据驱动原则在客户管理中强调基于实际数据和分析来指导决策和行动，而非仅依赖直觉或经验。这一原则的核心在于收集、分析和应用关于客户行为、偏好、反馈以及市场趋势的数据，以确保企业在了解和满足客户需求方面的精准性和有效性。通过实施数据驱动原则，企业能够基于客户数据揭示的深层次洞察来定制商品和服务，提升营销活动的针对性和效率，优化客户服务流程，以及提前识别并解决潜在的客户问题。

此外，数据驱动意味着企业需要具备强大的数据收集和分析能力，包括投资先进的客户关系管理系统和分析工具，以及培养具备数据分析技能的人才。在实践中，数据驱动原则要求企业持续监测和评估客户管理的效果，根据数据反馈及时调整，确保企业策略始终与客户需求和市场变化保持同步。总之，通过将数据驱动原则贯穿到客户管理的各个方面，企业能够更科学和系统地优化客户体验，加强与客户的关系，从而在竞争激烈的市场中获得优势。

4. 尊重客户

尊重客户原则是客户管理的基石，它要求企业在所有互动中都体现出对客户的尊重和价值认可。这一原则不仅关乎要礼貌地对待客户，更重要的是要理解和尊重他们的需求、偏好、时间和隐私。在实际操作中，尊重客户意味着企业需要倾听客户内心的声音，认真对待他们的反馈和建议（无论是正面的还是负面的）。企业应以透明、诚实的态度与客户沟通，清晰地传达商品信息、服务条款和价格政策，避免有误导性的营销策略。

此外，尊重客户还要求企业保护客户的个人信息和隐私，遵守相关的法律法规，确保客户的数据安全。通过实施尊重客户原则，企业不仅能够赢得客户的信任和忠诚，还能促进口碑的传播，吸引更多的潜在客户。在长期的客户关系管理中，尊重客户的态度能够深化客户的品牌认同感，提升客户满意度，为企业带来持续的商业成功和竞争优势。简而言之，尊重客户原则是企业在激烈的市场竞争中脱颖而出，实现可持续发展的关键。

想一想：我们应该重视维护老客户还是开发新客户？

新客户比老客户重要吗

【同步实训】

【实训目的】
- 了解客户服务岗位的工作内容；
- 了解优秀的客服需要具备的职业素养。

【实训内容与步骤】

结合自己的生活经历，谈一谈给你留下最深刻印象的一次客户服务体验，请举例说明，写出这次客户服务体验的流程，并设计一张表单，体现一名优秀客服应该具备的职业素养和服务理念，并根据其重要性进行先后顺序排列。

【要求】

（1）以小组为单位（4~5人一组）完成本次任务，确定组长，并明确小组成员分工（10分钟）。

（2）将讨论结果以PPT的形式进行展示及汇报（每个小组5分钟）。

【项目小结】

客户服务是企业在适当的时间和地点，以适当的方式和价格，为目标客户提供适当的商品和服务，满足客户的适当需求，使企业和客户的价值都得到实现的过程。优质的客户服务是最好的企业品牌，它让企业具有超强的竞争力，并成为防止客户流失的秘密武器。在大数据时代，客户服务可以通过数字化的方法来完成，通过大数据提供的客户标签、偏好、消费习惯，实现精准服务。

客户管理是指企业通过一系列策略和技术来管理与现有和潜在客户之间的互动与关系的过程。它的核心目标是优化客户满意度，提升客户忠诚度，增加客户留存率，最终实现业务增长和利润最大化。客户管理包括客户数据管理、客户营销管理、客户服务管理、客户互动管理。企业开展客户管理需要遵循一定的原则，即动态管理、全员参与、数据驱动、尊重客户。有效的客户管理，可以提升客户满意度和忠诚度，增强企业的竞争力，促进企业商品和服务改进，构建双赢的长期关系。

【同步测试】

1. 单项选择题

（1）以下关于客户服务的说法哪一个是正确的？（　　）

A. 客户服务就是售后服务　　　　　　B. 客户服务都是免费的

C. 客户服务是企业的成本负担　　　　D. 客户服务的目标是让客户满意

（2）指引下单是（　　）岗位的工作内容。

A. 售前客服　　　　　　　　　　　　B. 售中客服

C. 售后客服　　　　　　　　D. 电话客服

（3）关于数字化客户服务，说法错误的是（　　）。

A. 能提高效率　　　　　　　B. 能降低人力成本

C. 会增加企业成本　　　　　D. 能缩短客户等待时长

（4）下列不属于售后客服职责的是（　　）。

A. 退换货　　　　　　　　　B. 评价

C. 退款　　　　　　　　　　D. 促销

（5）下列哪个不属于客户管理的内容？（　　）

A. 客户数据管理　　　　　　B. 客户营销管理

C. 客户互动管理　　　　　　D. 客户电话管理

2. 多项选择题

（1）优质的客户服务需要具备以下哪些特点？（　　）

A. 始终以客户为中心　　　　B. 帮助客户解决问题

C. 迅速响应客户的需求　　　D. 提供个性化服务

（2）客户管理的作用有（　　）。

A. 提高客户满意度和忠诚度　B. 增强企业竞争力

C. 促进商品和服务改进　　　D. 构建双赢的长期关系

（3）客户管理的原则是（　　）。

A. 全员参与　　　　　　　　B. 动态管理

C. 数据驱动　　　　　　　　D. 尊重客户

（4）网店客服对店铺的重要性体现在（　　）。

A. 提升客户的购物体验　　　B. 提高商品的转化率

C. 提高客户回头率　　　　　D. 降低店铺的经营风险

3. 分析题

（1）分析数字化客户服务对客户服务会产生哪些影响。

（2）请举例说明网店客服需要具备什么样的综合素养。

项目二　网店客服岗前准备

  本项目重难点

- 掌握所在平台的规则内容；
- 熟悉商品及物流的相关知识；
- 了解用户画像的概念；
- 能够根据商品特点制作商品手册；
- 能够准确地操作工作平台；
- 能够构建用户画像。

  思维导图

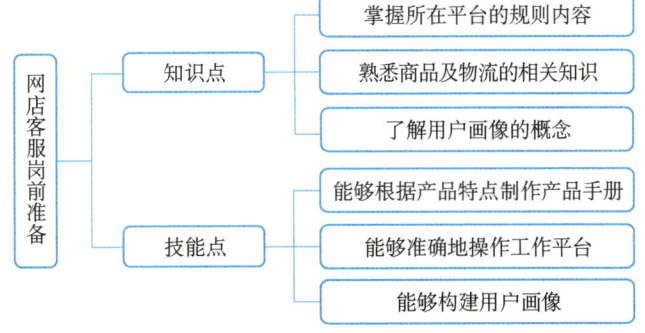

  案例导入

小美是一名刚刚入职的网店客服，她被分配到一家专门售卖时尚女装的网店工作。为了更好地适应这份工作，小美在正式上岗前做了充分的准备。

首先，小美对所在网店的商品进行了全面的了解。她不仅浏览了网店的所有在售商品，还详细地学习了这些商品的材质、尺码、洗护方法等知识。此外，小美还特意研究了竞争对手的商品和服务，以便在客户提出疑问时能够做出合理的解释和推荐。

其次，小美系统地学习了客服沟通技巧。她通过观看在线培训课程、阅读相关书籍和参加模拟对话练习，掌握了积极倾听、同理心沟通、有效应对投诉等技巧。这些沟通技巧不仅帮助她在工作中更自信，也能让客户感受到客服的真诚和专业，从而增强客户的满意度。小美还熟悉了网店的订单处理流程和售后政策。她通过阅读内部培训资料和参与实操训练，掌握了订单查询、修改、取消以及退换货等流程。了解这些流程可以帮助小美在客户提出相关问题时，迅速、准确地为其提供解决方案。

此外，小美重视团队合作。她积极参与团队会议，与同事交流工作心得和遇到的难题。通过团队合作，小美不仅快速融入了团队，也提高了解决问题的效率。

【案例分析】

本案例告诉我们，充分的岗前准备对于提高客户满意度和服务质量的重要性。在本案例中，小美所做的岗前准备不仅涵盖了对商品知识的掌握、沟通技巧的提升、流程操作的熟悉，还包括了团队合作精神的培养。通过这些准备，小美不仅提升了自己的职业能力，也为网店带来了更好的客户体验和业绩提升，展示了优秀网店客服应有的专业素养和工作态度。

想一想：客服为什么需要了解电商平台？

任务 1　网店客服的知识储备

一、认识电商平台

电商平台，你了解吗

认识电商平台对于网店客服来说至关重要。不同电商平台的规则、促销活动、营销工具、订单管理系统及售后流程等方面都存在一定的差异，网店客服深入了解电商平台，不仅可以给客户提供更专业、准确的服务，也可以确保网店合规运营，使店铺能获取平台更多的资源支持和机会，从而推动店铺的持续发展。

淘宝和天猫都是阿里巴巴集团旗下的电商平台，两者在中国的电商市场中占据着相当重要的地位。淘宝采用 C2C（消费者对消费者）和 B2C（商家对消费者）的模式，允许个人和商家自由开设店铺并销售商品。天猫采用 B2C（商家对消费者）的模式，所有商家都必须经过认证才能在平台上销售商品。两个平台的商品种类都非常丰富，涵盖了服装、鞋帽、数码产品、家居用品、美妆护肤品、食品、母婴用品等品类。售后服务体系也非常完善，包括 7 天无理由退换货、退款维权等，保障了用户的购物权益。两者分别以其特色的经营模式、丰富的商品种类、便捷的购物体验和完善的售后服务，吸引了大量用户并保持着领先地位，手机淘宝首页如图 2-1 所示。

京东商城是专业的综合性网上购物商城（如图 2-2 所示），它采用"自营+开放平台"的经营模式，既有京东自营的商品，也允许第三方商家入驻和销售。京东商城以其广泛的商品选择、高品质的商品、快速可靠的物流配送和优质的售后服务而闻名。平台提供的商品覆盖了电子产品、家电、服装、鞋帽、美妆护肤品、食品、母婴用品等多个品类，用户可以在平台上找到日常生活所需的各类商品。平台注重商品的质量和售后服务，提供了 7 天无理由退换货、正品保证、售后服务等保障用户权益的政策。此外，京东商城积极推动技术创新和用户体验提升，不断优化平台功能和服务，为用户提供更便捷、更安全、更愉快的购物体验。

京东商城的成功是因为其坚持品质至上、用户至上的经营理念,以及持续不断地创新和提升服务水平。

拼多多是中国领先的社交电商平台之一,采用基于社交网络的拼团购买模式,通过社交分享和团购活动,让用户以更低的价格购买到商品(如图2-3所示)。其平台上的商品品类丰富多样,涵盖了服装、鞋帽、家居用品、数码产品、食品、母婴用品等品类。拼多多致力于为用户提供性价比更高的商品选择,通过直供、厂商直销等方式保证商品的价格优势,同时注重用户体验和售后服务,提供了7天无理由退换货、正品保证等保障用户权益的政策。拼多多在短时间内取得了巨大的成功,成为中国电商行业的新生力量之一,受到了广泛的欢迎和认可。

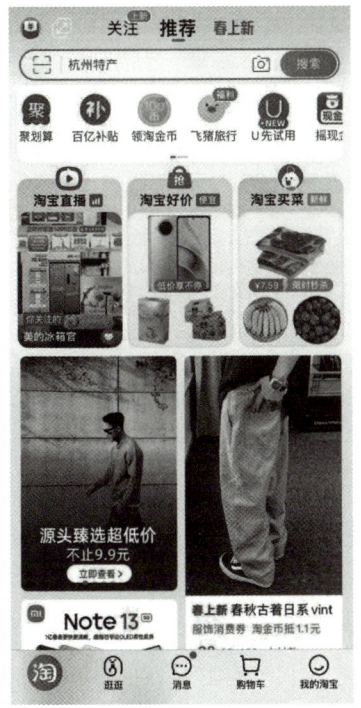
图2-1　手机淘宝首页

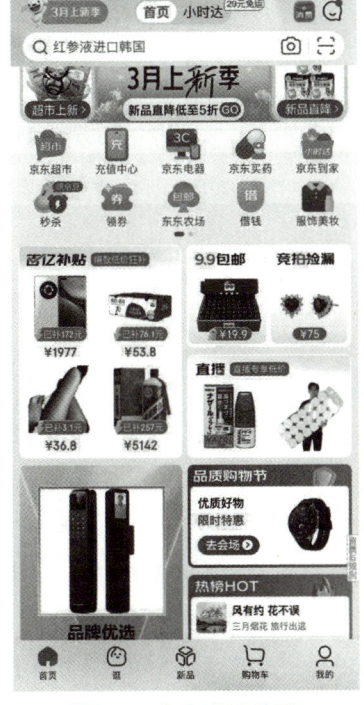
图2-2　京东商城首页

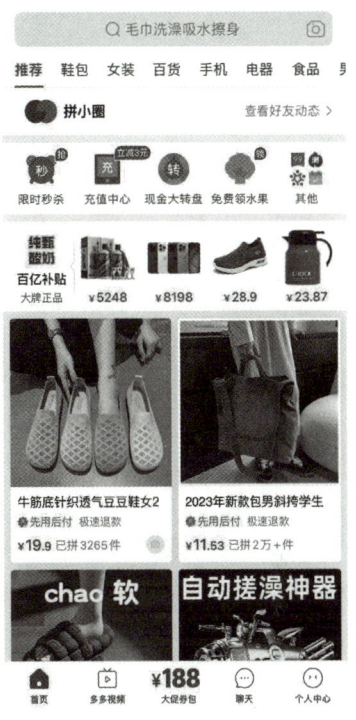
图2-3　拼多多首页

抖音、快手和小红书等新媒体平台是中国领先的社交媒体和内容创作平台,它们都积极发展了直播电商业务,成为中国直播电商的重要推动者。抖音、快手都是以短视频为主的社交媒体应用,其直播电商功能为用户提供了能实时互动的购物体验,用户可以在直播中观看商品展示、了解商品详情,并根据自身需求进行购买。小红书则是一个以用户分享心得体会和购物攻略为主的社交平台,通过小红书的直播功能,用户可以观看主播分享的商品和试用体验,从而做出购买决策。这些平台都在不同程度上结合了社交媒体和电商业务,通过直播形式为用户提供了更便捷、更直观的购物体验,同时也为品牌商家和内容创作者提供了一个新的变现渠道,推动了社交电商的快速发展,如图2-4、图2-5、图2-6所示。

图 2-4　抖音商城　　　　图 2-5　快手小店　　　　图 2-6　小红书购物频道

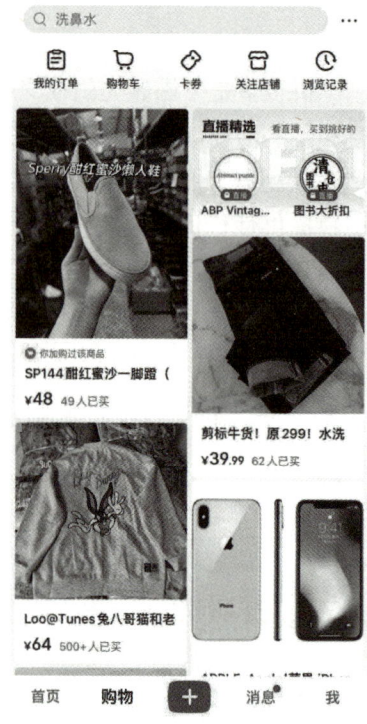

二、掌握平台规则

电商平台规则重要吗

网店在运营过程中要遵守法律法规和平台规则。平台规则对于规范用户行为，维护双方的合法权益及保障交易安全起到了重要的作用。电商平台都有各自的平台规则，平台规则也会随着平台的发展不断发生变化，淘宝和天猫在运营定位上有所区别，因此平台规则也有一定的差异（如图 2-7 所示）。所以，客服一定要关注平台规则的内容更新，避免违规事件发生，各平台规则中心页面如图 2-8、图 2-9、图 2-10、图 2-11 所示。

天猫

- 入驻资质：品牌商或厂商、代理商，需要申请企业营业执照、税务登记证明
- 商品店铺类型：品牌旗舰店、品牌专卖店、品牌专营店等
- 商城服务费用：平台入驻服务费用；交易后收取5%服务费
- 发票与缴税：需要提供发票

淘宝

- 入驻资质：不需要任何手续，只需要提供身份证明
- 商品店铺类型：自己确定
- 商城服务费用：不收取任何费用
- 发票与缴税：目前淘宝没有强制规定淘宝C店开发票

图 2-7　天猫和淘宝的区别

项目二　网店客服岗前准备

图 2-8　淘宝规则中心页面

图 2-9　天猫规则中心页面

图 2-10　京东商城规则中心页面

图 2-11　拼多多规则中心页面

商家在销售过程中如果违背平台相应规则就会构成违规行为，受到相应的惩罚。对于客服岗位来说，违规行为一般有违背承诺、泄露他人信息、恶意骚扰等，发票、信用卡、运费、发货及库存等问题都是客服工作的"高压线"，需要客服在上岗之前仔细学习相关规则，掌握这些违规行为的界定与处理方法，避免在工作中犯错。以淘宝、天猫客服为例，对于客服岗位而言，需要掌握的常用规则如下。

1. 7 天无理由退换货

当消费者购买支持"7 天无理由退换货"的商品时，在签收货物（以物流签收单时间为准）后 7 天内（有准确签收时间的，以该签收时间后的 168 小时为 7 天；签收时间仅有日期的，以该日后的第二天 0 时起的 168 小时为 7 天），若因消费者主观原因不愿完成本次交易，商家有义务向消费者提供退换货服务；若商家未履行其义务，则消费者有权向淘宝发起对该商家的投诉，并申请"7 天无理由退换货"赔付。

2. 运费险

运费险是保险公司为消费者提供的一项服务，客户下单时购买运费险后，在订单页面点击已出单运费险可以看到预计赔付金额，如果消费者收到货不满意想退货，最终运费由保险公司进行赔付，需要注意的是，每个订单的运费险只能理赔一次。客服如果在千牛订单栏看到有"险""聚"标识（如图 2-12 所示），说明客户订单含有运费险，按照天猫平台规则，聚划算的商品是默认赠送运费险的。运费险理赔流程如图 2-13 所示。

3. 保价险

保价险是一种为消费者提供价格保障的保险（如图 2-14 所示），如果消费者购买的活动商品在 15 天之内降价了，那么买家可以通过申请保价险理赔来获得这部分差价。保价险在申请理赔的时候需要先拍下举证订单，然后在手机淘宝订单信息里进入"订单详情"—"保险服务"（查看详情）—"申请理赔服务"，按照提示操作完成申请即可。关于举证订单，通常有以下几点要求。

① 举证订单涉及的商品，与消费者在活动期间购买的为同一商品；
② 提交的举证订单拍下即可，无须付款；
③ 举证有效期：举证订单拍下的时间距离活动结束时间不超过 15 天，距离申请理赔的时间不超过 7 天。

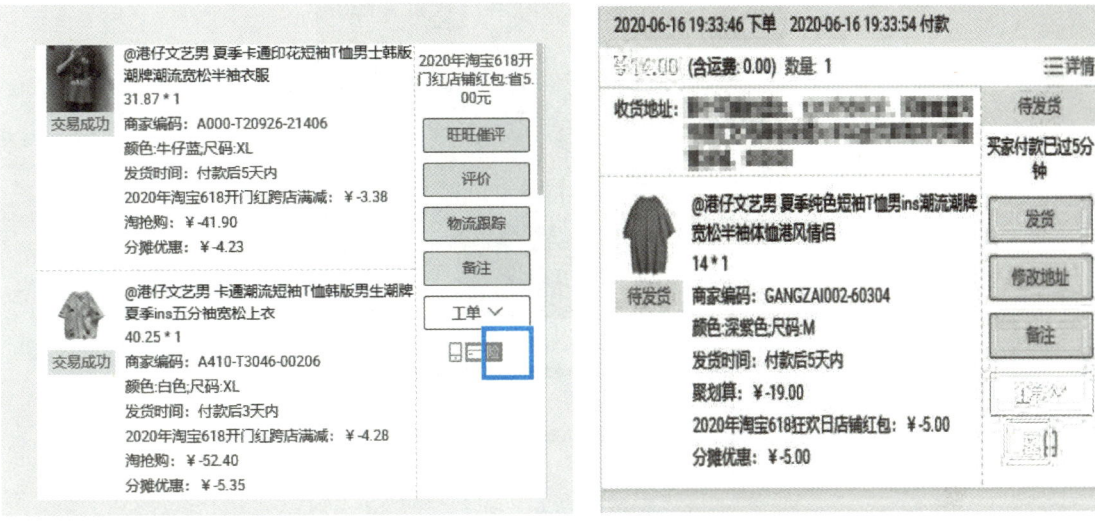

图 2-12　运费险订单标识

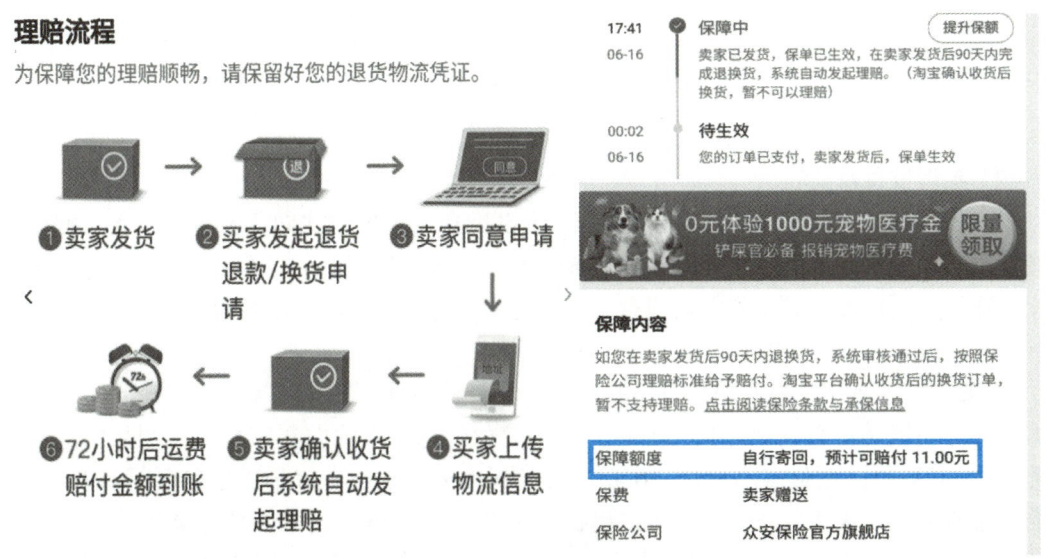

图 2-13　运费险理赔流程

4. 未按约定时间

（1）未按约定时间发货

① 天猫未按约定时间发货：除特殊商品外，商家在买家付款后未在 48 小时内发货，或定制、预售及其他特殊情形等另行约定发货时间的商品，商家未在约定时间内发货；商家的发货时间以快递公司系统内的揽收时间为准。

② 淘宝未按约定时间发货：除特殊情形外，商家在买家付款后未按约定的时间发货。

图 2-14　保价险显示位置

（2）延迟发货及处罚

① 对于天猫商家延迟发货的，商家应以发放赔付红包的方式向买家进行赔付。赔付红包面额计算标准为商品实际成交金额的 5%（5～50 元）。延迟发货情节严重且买家发起投诉后，商家未在天猫判定投诉成立前主动同意赔付或与买家协商一致的，除须向买家赔付外，每次扣 1 分。

② 淘宝卖家承诺的发货时间在 48 小时以内（含）的：除定制等特殊情形外，淘宝网将根据快递公司回传信息判定并执行赔付，须以赔付红包的方式向买家赔付该商品实际成交金额的 1%，且赔付金额最高不超过 30 元，最低不少于 3 元；卖家承诺的发货时间超过 48 小时的，除定制等特殊情形外，淘宝网将根据快递公司回传信息判定并执行赔付，并以赔付红包的方式向买家赔付该商品实际成交金额的 5%，且赔付金额最高不超过 30 元，最低不少于 5 元。

5. 承诺未履行

承诺未履行指商家未按照承诺向买家提供以下服务，损害买家权益的行为。

（1）卖家违背以下任一承诺的，每次扣 6 分

① 淘宝判定商家确实应该承担退货退款等售后保障责任但商家拒绝承担的；

② 天猫商家拒绝提供发票的；

③ 商家参与官方淘金币、聚划算等活动，但却在报名成功后拒绝参与活动的。

（2）商家违背交易方式、服务承诺的，每次扣4分
① 答应送礼物而不送的；答应退运费没有履行的；答应换货没有履行的；
② 提供货到付款或信用卡付款服务的商家，拒绝提供或者拒绝按照承诺的方式提供前述服务的。

6. 恶意骚扰

商家在交易中或交易后采取恶劣手段骚扰买家，损害买家权益，例如通过电话、短信、阿里旺旺、邮件等方式频繁联系他人，影响他人正常生活，以及在交谈中对买家存在辱骂、侮辱、恐吓等行为，买家可发起恶意骚扰维权。

同步阅读2-1

关于违规常见问题解答

1. Q：天猫商城有没有发票？

A：有发票，麻烦您告诉我一下您是开给个人还是公司呢（回答"没有"扣6分，扣一万保证金）。

2. Q：能在QQ上销售吗？

A：天猫只视旺旺聊天记录为交易证据，麻烦您和我们在旺旺上联系呢（回答"没有"扣6分，扣一万保证金）。

3. Q：信用卡手续费需要我承担吗？

A：淘宝的卖家信用卡支付手续费为交易金额（含运费）的1%（没有上限）。

（1）手续费在确认收货后扣除。您可以进入"我的支付宝"消费记录页面，查看收支明细，即可查看到非常细致的账户交易情况；

（2）信用卡手续费扣费率不需要商家设置，若卖家开通了信用卡支付服务，手续费由卖家承担，若卖家没有开通信用卡支付服务则手续费由买家承担；

（3）国际信用卡手续费没有具体比例，买卖双方都会被收取。

4. Q：我在偏远地区，要补运费吗？

A：目前大部分地区是包邮的，若是快递不到的地方，您可以按照店铺运费标准补下运费呢（在承诺范围内补运费，扣6分）。

5. Q：我使用了另一个旺旺账号购买了宝贝，请把地址和电话发给我确认一下。

A：很抱歉呢，麻烦您用拍下付款的旺旺ID和我们联系（泄露客户信息的扣6分，严重影响的扣24分）。

6. Q：我拍错了，麻烦你帮我关闭交易吧。

A：若订单拍错了，后台可以自己取消的哦；不需要的订单您不用付款，24小时后系统会自动关闭（没有经过买家允许主动关闭交易的扣6分）。

7. Q：我没有开通网银，能否汇款？

A：真的不好意思，麻烦您问一下您周边的朋友是否可以给您代付呢，因为我们只能通过支付宝购买，这样也是为了保证您的购物安全呢。

8. Q：能不能使用信用卡分期、花呗分期、信用卡到付？

A：您可以看下订单支付页面详情（如图2-15所示），上面有的支付方式就是店铺支持

的支付方式，是否能使用信用卡分期付款您可以咨询下银行客服。

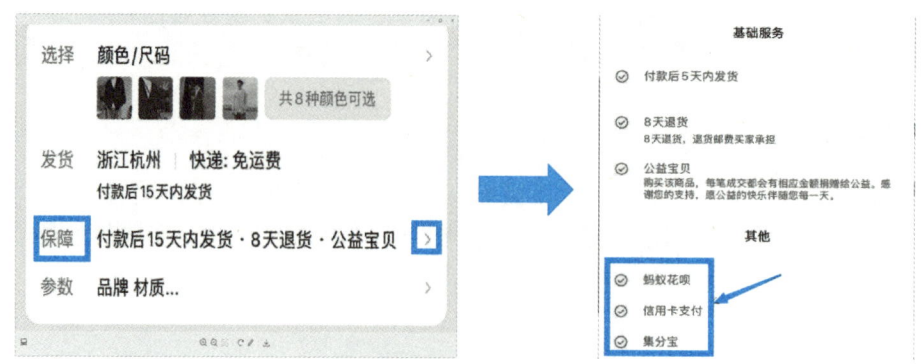

图 2-15 订单支付页面详情

三、熟悉商品知识

如何成为产品专家

对于网店客服来说，熟悉自己店铺商品的相关知识是最基本的工作。在接待客户的过程中，客户会围绕商品咨询各种问题，如果客服对商品不熟悉，甚至一问三不知，无疑是在给客户的购买热情浇冷水。对商品越熟悉的客服，客户在购买过程中对其就越信赖，转化率和客单价往往都比较高。

商品专业知识包括但不限于商品的品牌、规格、款式、风格、成分、配件、功能功效、维护保养及不同类目商品的特定参数。不同类目的商品，商品的知识点不尽相同，但这些都是客户进行购买决策的重要信息。虽然客户在商品详情页能查看相关信息，但客服的专业解答或解读，能够提高客户对店铺及商品的信任，加速客户下单，同时减少售后问题的出现。

除了店铺自身的商品知识，客服还需要了解竞争店铺商品的优劣势。随着商品同质化竞争的日益激烈，客服经常会收到类似的疑问："为什么××家和你们家的东西一样，你们的价格却高一些？"面对这样的问题，客服应该怎么回答呢？贬低他人是不可取的，最好的方式就是突出自家的优势。所谓"知己知彼，百战不殆"，客服需要将自家商品与其他店铺的同类商品进行比较，得出自家商品的优势和劣势，这样才能客观公正地解答客户的疑问。一般来说，客服可以通过功能、价格、参数、适合人群、优劣势等几个维度来进行商品差异对比，如表 2-1 所示。

表 2-1 商品差异对比表

对比商品	功能	价格	参数	适合人群	优劣势
自有商品					
主要竞品 1					
主要竞品 2					

商品的周边知识是指与商品专业知识无关的，但与类目人群相关的，可以帮助建立销售情景、指导或影响客户的选择、提升客服专业度的知识内容。

举例来讲，母婴类目商品的销售客服需要有一定的育儿经验，了解宝宝的成长规律、喂养知识等，这能帮助客服在销售过程中给予买家更多的咨询和指导，促进更多的关联商品销售。

如果买家的宝宝月龄是 6 个月,有经验的客服就会根据宝宝的成长规律为其推荐店里适合的商品,例如宝宝准备开始吃辅食了,那就可以使用适合的饮水杯了。这些商品之间的关联只有有经验的销售客服才能获得,这种经验就是周边知识。客服的周边知识越丰富,往往专业感越强。

客服在进行商品知识学习、整理时,可以搭建商品手册来掌握商品的关键知识点,并对常见的客户问题建立快捷话术甚至智能客服回复话术。商品手册如表 2-2 所示。

表 2-2　商品手册

商品名称及链接				
商品主图	细节图 1	细节图 2	细节图 3	细节图 4
商品基本信息	规格	材质	风格	配件
商品功能				
商品维护				
商品卖点				
关联商品				
竞品对比				
常见问题				

做一做:请在天猫购物平台为你喜欢的某个服装品牌的某一系列商品或某一季节商品制作商品手册。

任务 2　网店客服岗位操作技能

一、操作工作平台

网店客服的一项重要工作就是通过电商平台提供的工作平台与客户进行沟通,帮助客户选择商品、解决问题。每个电商平台都有自己专属的工作平台,为了保障客户的信息安全,各个电商平台都要求客服必须通过专属工作平台与客户进行沟通,工作平台的聊天记录是处理买卖双方纠纷时的申诉证据之一。这些工作平台不仅具有聊天、接待功能,还可以对客户订单进行快速处理。主流电商平台的工作平台主要有以下几种。

1. 淘宝、天猫——千牛

千牛是淘宝、天猫商家使用的重要工具。千牛不仅有聊天接单功能,还可以进行交易管理、商品管理、评价管理、物流管理等操作。千牛有 PC 版和移动版两个版本,其功能基本一致,只是界面和使用场景有些区别。

在淘宝网首页点击"千牛卖家中心"选项(如图 2-16 所示),进入千牛登录界面(如图 2-17 所示),登录后,即可找到"下载"按钮(如图 2-18 所示)。

千牛操作指南

图 2-16　淘宝网首页的"千牛卖家中心"入口

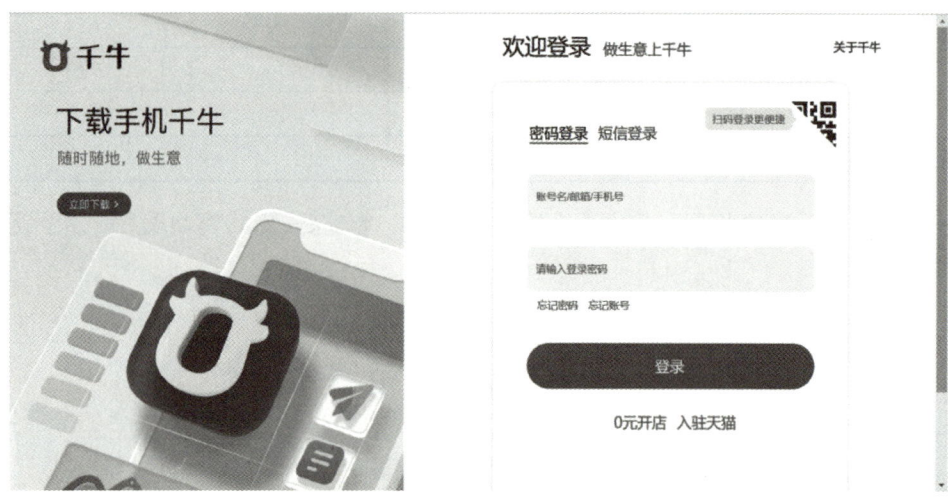

图 2-17　千牛登录界面

图 2-18　千牛移动版和 PC 版的下载界面

2. 京东——咚咚

咚咚是京东商城针对商家和客户推出的即时聊天工具，同时支持 PC 端和移动端，为商家和客户架起沟通桥梁。与千牛一样，咚咚不仅提供在线沟通功能，还提供交易管理、订单管理等功能，是商家打理店铺的好帮手。打开"京东咚咚商家版"下载页面，点击"立即下载"按钮（如图 2-19 所示）。完成安装后，在咚咚工作台的登录界面，利用已有的京东账号进行登录操作（如图 2-20 所示），登录完成后即可进入咚咚工作台界面（如图 2-21 所示）。

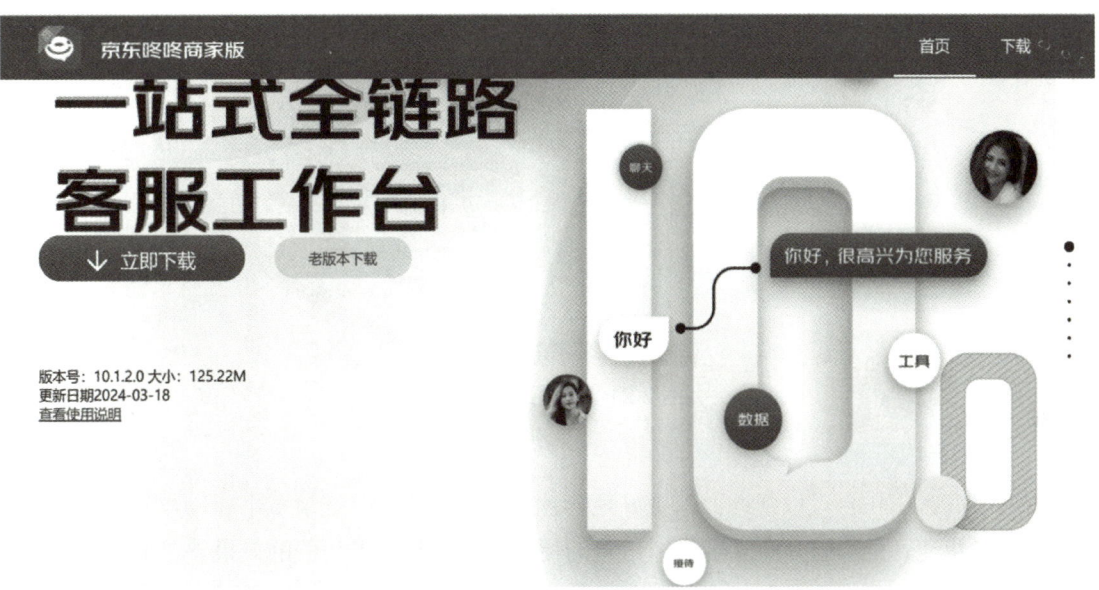

图 2-19　京东咚咚商家版下载界面

图 2-20　咚咚工作台登录界面

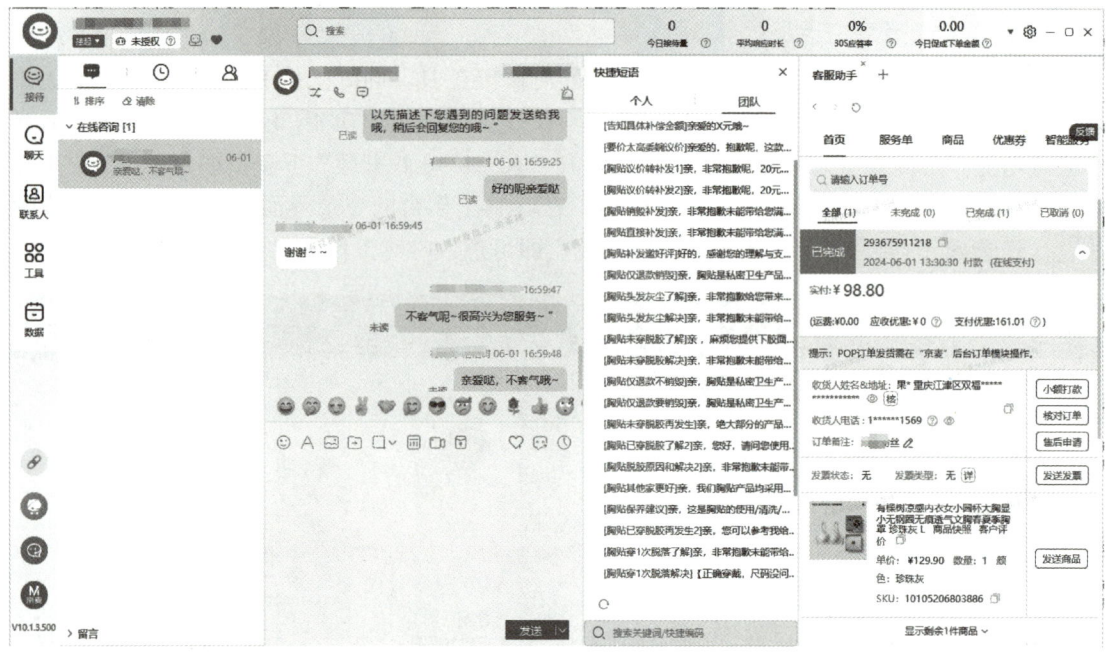

图 2-21 咚咚工作台界面

3. 拼多多

拼多多商家工作台可以帮助商家更好地管理订单，支持同时登录多个店铺账号，能够实现聊天窗口的快速切换，提升商家多店铺运营的便捷性，达到事半功倍的效果。登录拼多多官网可以下载商家工作台（如图 2-22 所示），安装完成后，登录已有账号进入工作界面（如图 2-23 所示）。

图 2-22 拼多多商家工作台下载界面

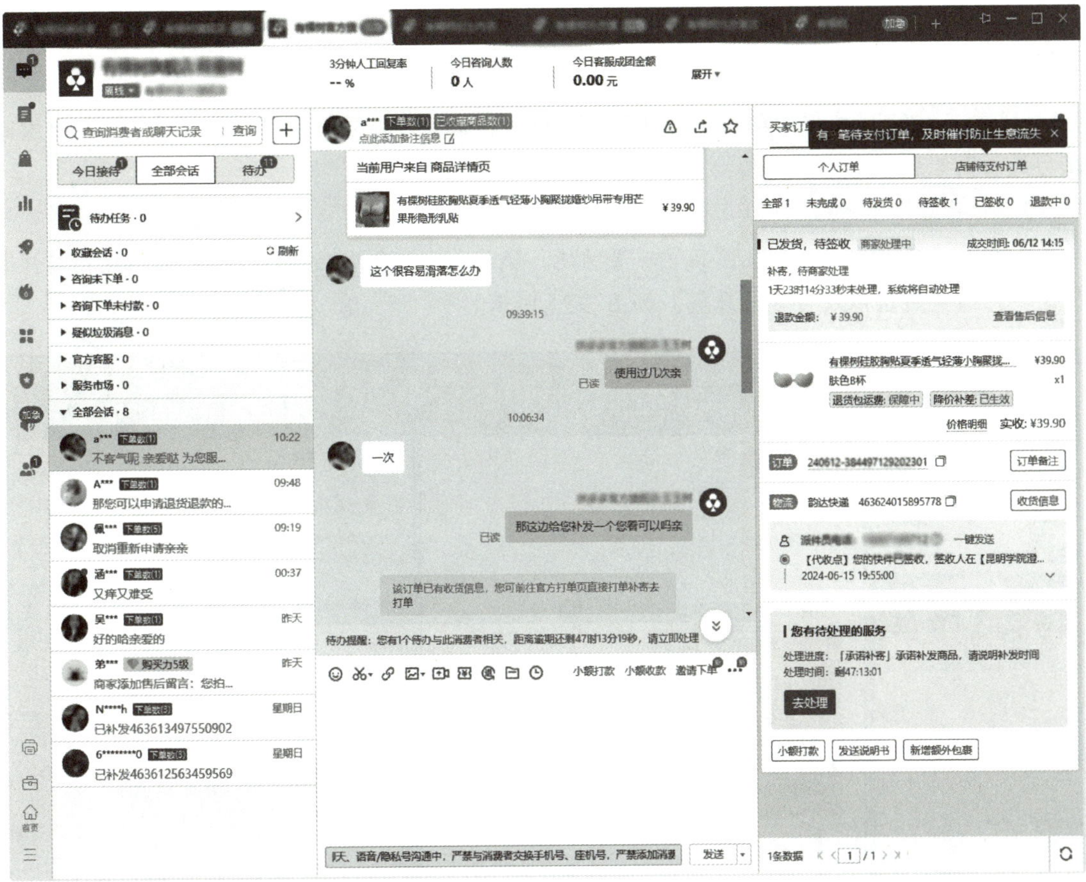

图 2-23 拼多多商家工作台界面

同步阅读 2-2

千牛操作说明

1. 基本介绍

千牛——卖家一站式工作平台，由阿里集团官方出品，包含千牛移动版和千牛 PC 版。千牛 PC 版在卖家版旺旺的基础上升级而来，其核心功能是为商家整合店铺管理工具、经营咨询信息、商业伙伴关系，借此提升商家的经营效率，促进彼此的合作共赢。

（1）谁可以用千牛？

淘宝卖家和天猫卖家均可使用。

（2）千牛 PC 版收费吗？

千牛 PC 版本身免费，但里面的一些功能模块（例如交易管理、商品管理）由第三方服务商提供，是否收费取决于服务商，但现有功能将保持免费使用。

（3）千牛 PC 版和阿里旺旺有什么区别？

阿里旺旺是买卖双方在交易过程中的沟通工具，旨在为客户和商家提供安全可靠的交流平台。

千牛 PC 版是商家版旺旺的升级版，专为商家解决店铺管理、销售经营的需求，除了具有商家版旺旺的沟通功能，还具有处理订单、管理商品、查看实时数据等功能。

（4）千牛移动版和 PC 版有什么区别？

① 千牛移动版主要帮助商家在外出的时候也能接单，不会错过生意。

② 千牛 PC 版主要帮助商家在电脑前完成从客服接待到交易管理的所有操作，其中的旺旺功能由商家版旺旺升级而来，千牛 PC 版更强大。

2. 千牛工作台介绍

千牛系统包含订单管理、商品管理等功能，登录千牛工作台后可以看到三大板块：客户等待区、沟通交流区以及订单信息区，如图 2-24 所示。

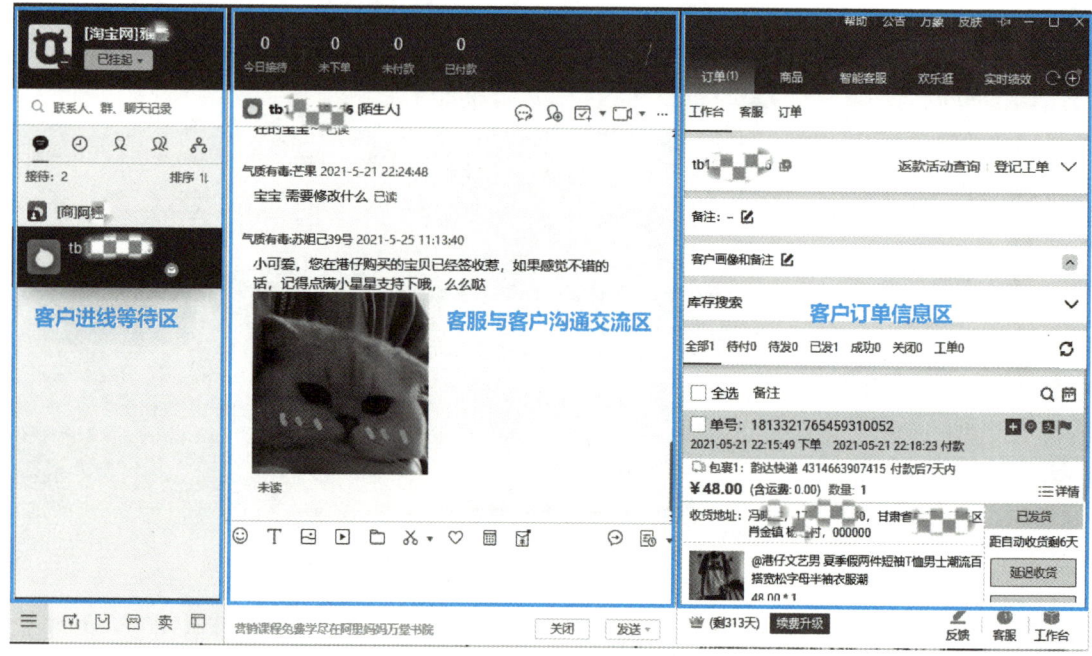

图 2-24　千牛工作台界面

3. 子账号如何使用插件？

主账号授权后方可使用，分为以下两步。

① 主账号登录千牛，在右侧工具栏中的插件"子账号权限"中进行设置，如图 2-25 所示。

② 主账号依次登录子账号后台的"员工管理"—"补充权限"模块，授权使用千牛插件，如图 2-26 所示。

客服可以在后台"已卖出的宝贝"中搜索买家昵称来查看客户申请的售后情况，如图 2-27 所示。

4. 如何设置旺旺状态？

在千牛工作台的左上角点击旺旺状态图标，可以更改旺旺状态，如图 2-28 所示。

5. 如何修改个人签名？

将鼠标光标移动到原签名处，双击进入编辑状态，输入个性签名，如图 2-29 所示。

图 2-25　子账号权限

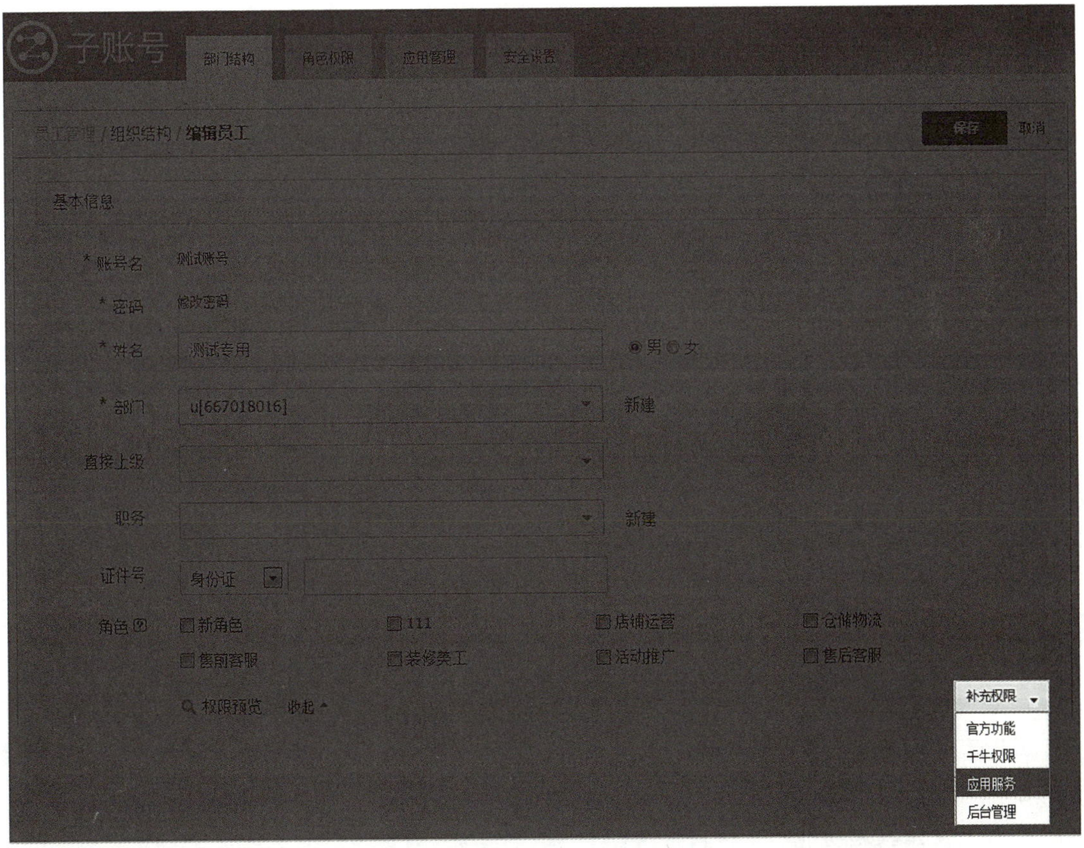

图 2-26　子账号使用插件界面

图 2-27 查看售后情况界面

图 2-28 设置旺旺状态

图 2-29 修改个人签名

6. 如何给买家备注？

在旺旺聊天窗口中不仅可查看买家的信息，还可创建和设置买家标签，与卖家团队自动共享信息，如图 2-30 所示。

7. 如何使用挂起功能？

点击聊天窗口右上角的"电话"图标，可快速挂起/不挂起，也可对挂起进行启动条件设置，如图 2-31 所示。

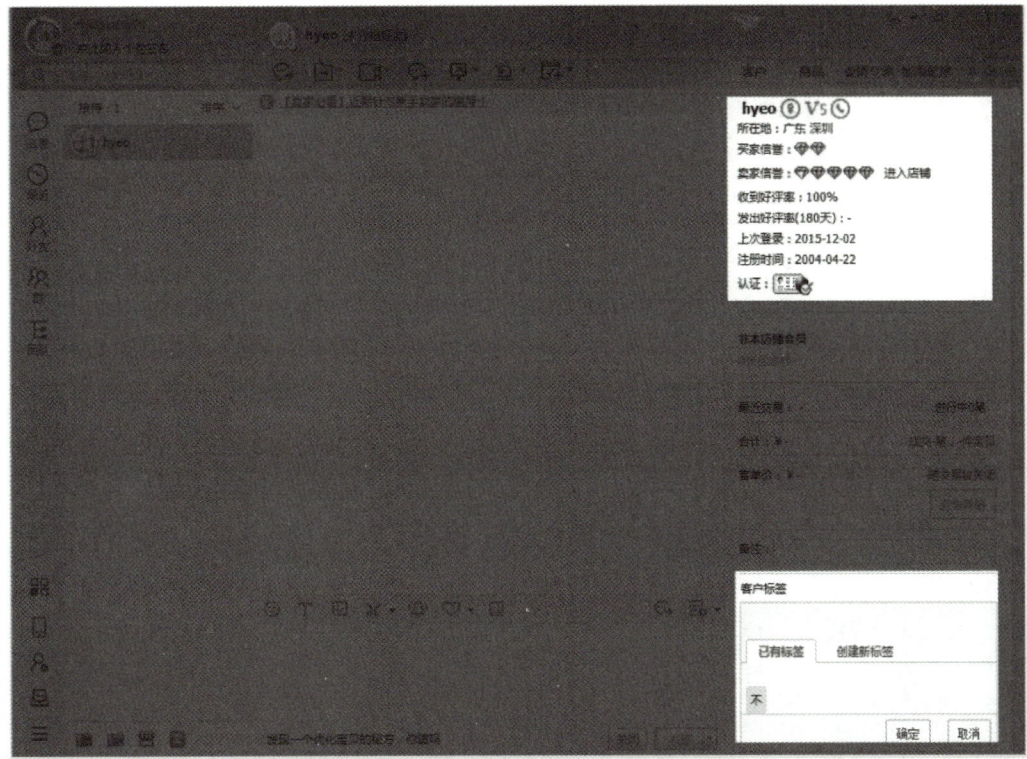

图 2-30　设置买家标签

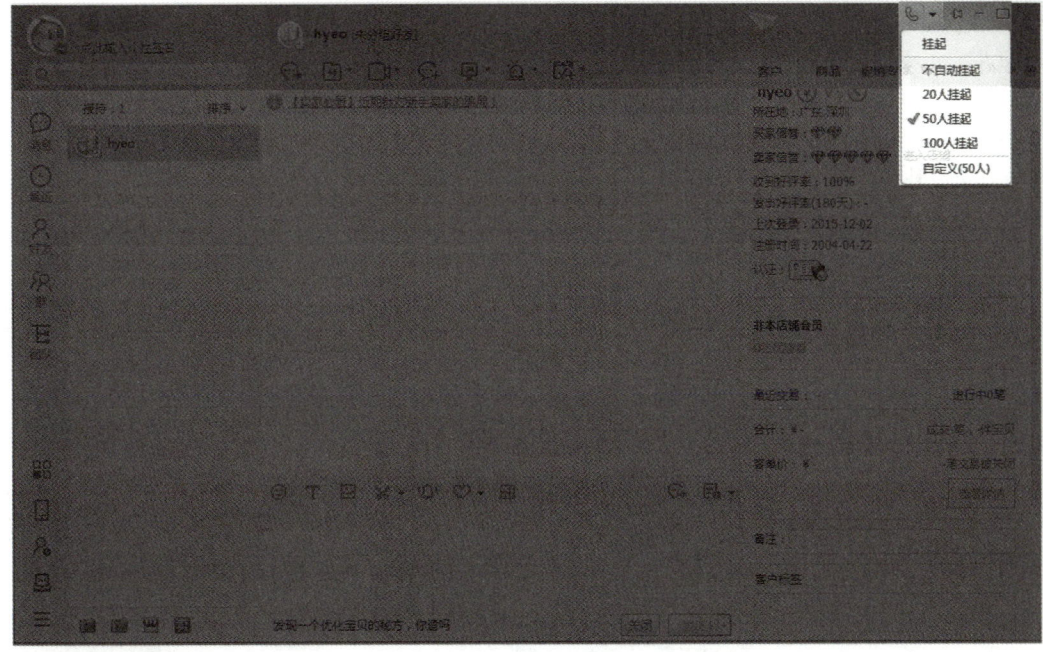

图 2-31　设置挂起启动条件

8. 如何查看团队成员的聊天记录？

与同一买家的聊天记录可以在所有与之有过对话的账号间共享。点击聊天记录窗口右下角的"漫游"图标即可方便快速地在云端直接读取聊天记录，如图 2-32 所示。

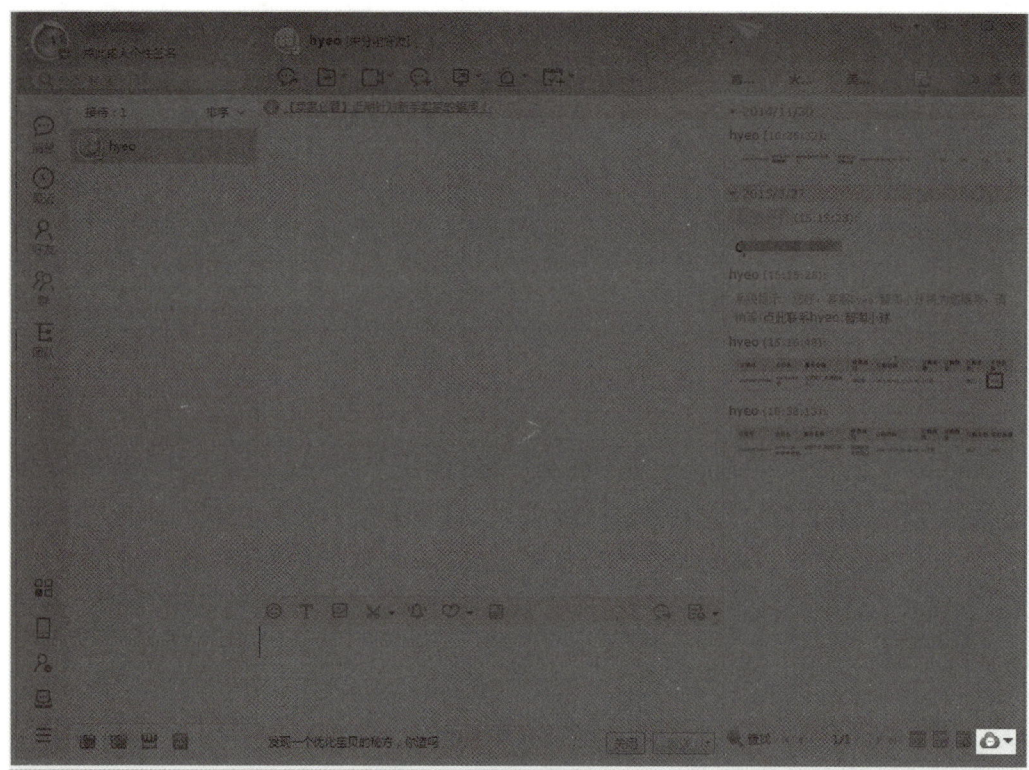

图 2-32 查看团队成员的聊天记录

9. 千牛中的插件有哪些功能？如何使用？

千牛中的插件分为 3 类，在右侧的"插件中心"中可进行设置，如图 2-33 所示。

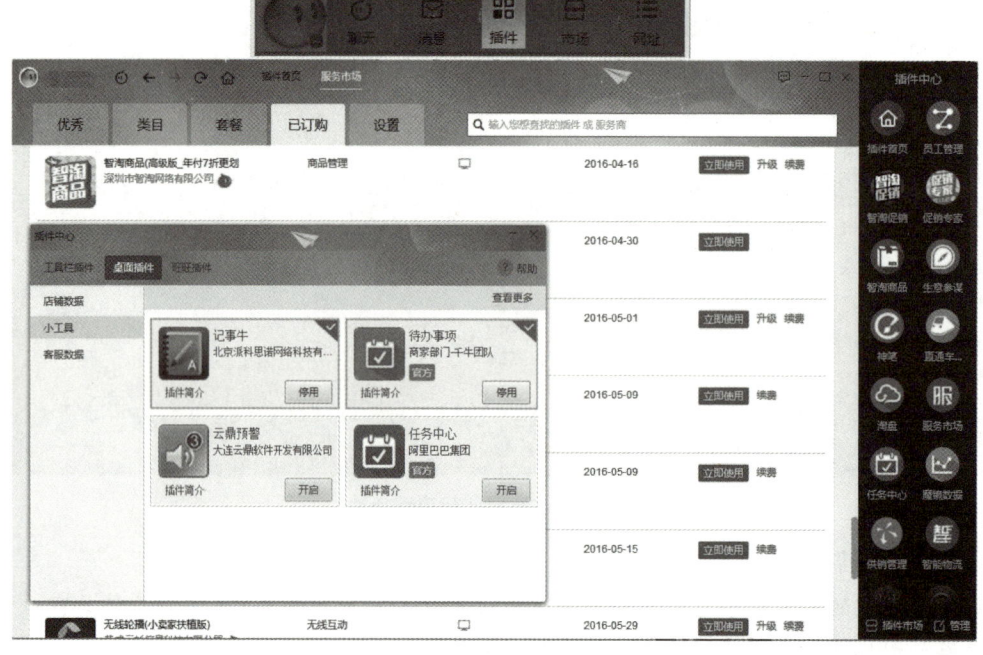

图 2-33 插件的使用

① 工具栏插件：批量发货、上下架、管理评价等功能；
② 桌面插件：查看实时数据；
③ 旺旺插件：快速修改订单、客户资料快捷展示、优惠券发放等功能。

二、识别用户画像

1. 用户画像的概念

什么才是真正的用户画像

用户画像的概念是由交互设计之父阿兰·库珀最早提出的，它是指根据用户社会属性、偏好习惯和消费行为等信息抽象出来的标签化画像。构建用户画像的核心工作是给用户"贴标签"，而标签是根据用户的行为数据直接或间接计算得到的。一般用户画像包含的元素有姓名、年龄、家庭情况、收入、工作、喜好等，直接得到的数据比较好理解，比如用户在网站注册时主动提供的数据，如 E-mail、银行卡信息、电话号码等，这样的数据准确性较高。

随着竞争的不断加剧，网上店铺的不断发展使店铺风格日新月异，店铺要做到"小而美"就要将店铺商品与店铺客户精准地对应起来。而用户画像就是把在该店消费的所有客户的共同消费特性呈现出来，具有强烈竞争意识的店铺会不断完善自己的用户画像，精准地找到买家是谁、买家在哪儿，最后根据画像进行精准营销。

以淘宝卖家后台"生意参谋"中的"买家人群画像"工具为例，该工具可以帮助店铺在竞争激烈的市场中圈定某些特定条件，然后显示该类目对应人群的占比情况，以达到精准画像的效果（如图 2-34 所示）。最终，卖家可以根据客户群体的共同性，有倾向性地销售商品。

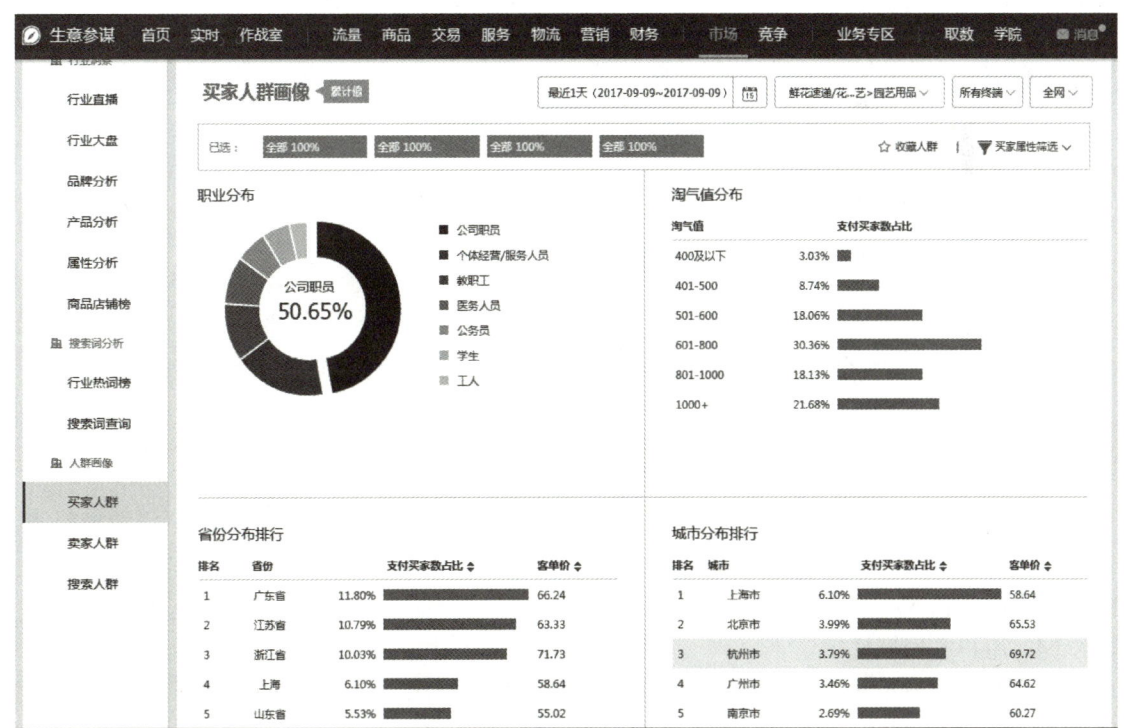

图 2-34 "买家人群画像"工具

2. 用户画像的属性构成

构建用户画像的核心工作就是给用户"贴标签"，店铺根据买家的基本属性、购买能力、行为特征、兴趣爱好、心理特征、社交网络等属性提炼用户特征。这些用户特征多种多样，根据不同情况被划分成以下四种类型。

（1）用户静态属性

用户静态属性是用户画像建立的基础，它主要从用户的基本信息方面进行划分，如性别、年龄、学历、收入、婚姻状况等。然后根据不同的商品，有针对性地提取相关信息，并将这些信息按权重大小依次划分。比如奢侈品店铺对购买者的收入、职业、学历比较看重，而对于婚姻状况、地域则不太看重。如图 2-35 所示，奢侈品购买者中 46.65% 为公司职员，16.41% 为个体经营/服务人员，教职人员和医务工作者占 10% 左右，公务员、学生及工人占比最少。

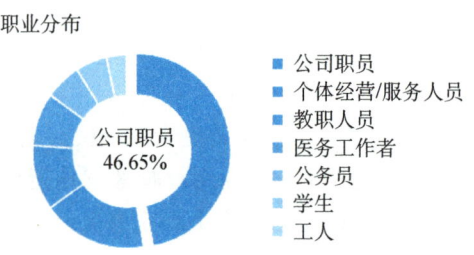

图 2-35 奢侈品购买人群职业分布

（2）用户动态属性

用户动态属性是指用户在互联网环境中的上网行为，如娱乐偏好、社交习惯、学习手段等，这些行为在一定程度上反映了用户是否会对商品感兴趣。鲜花园艺类商品下单时段分析如图 2-36 所示，可以看出 9:00—16:00 为该类目下单高峰期，17:00 之后下单量明显下滑，21:00 左右下单量小幅上升。

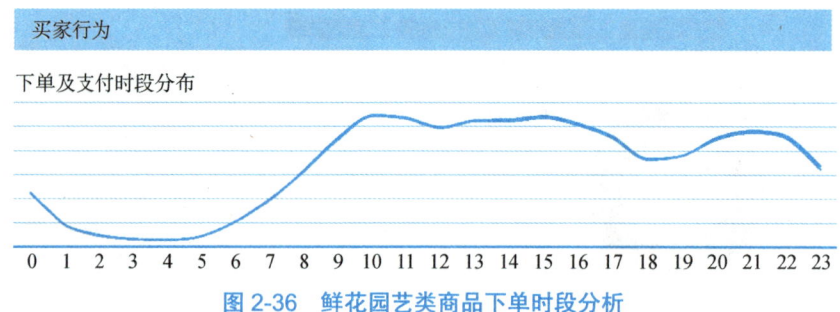

图 2-36 鲜花园艺类商品下单时段分析

（3）用户消费属性

用户消费属性指的是用户对于花钱的看法，主要包括消费水平、消费心理、消费偏好等。如图 2-37 所示，以某园艺市场近 90 天支付金额的消费属性为例，可看出该市场的客单价较低，大部分人群选择 55 元以内的商品。

（4）用户心理属性

用户心理属性指从用户的生活、工作、感情、社交入手，分析用户的价值观，并有针对性地改良商品。大部分用户的心理属性无法通过数据直观地读出，需要店铺对用户行为进行更深入的调查分析。

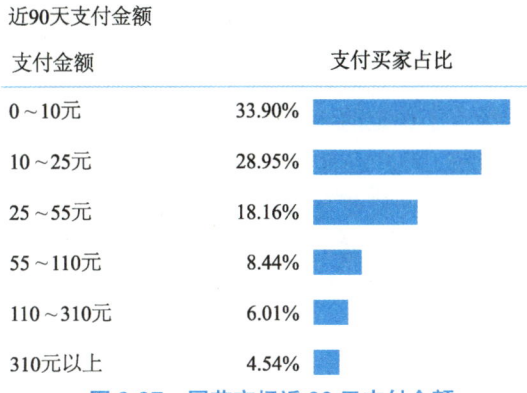

图 2-37　园艺市场近 90 天支付金额

3. 用户画像的价值

用户画像是店铺目标客户的真实写照，能够帮助店铺明确解答用户是谁、用户需要什么、谁是潜在用户等问题，同时用户画像也在不同的决策环节中发挥着重要作用，具体有以下三个方面。

（1）精准营销

用户画像可以使店铺根据商品特点，更精准地找到目标客户，它利用标签将客户进行智能分组，并将不同特性的客户分成若干目标客户群，并针对不同群体在其偏好的渠道上进行精准的广告投放。此类精准性极强的广告可以使营销更高效，同时也能帮助企业节省成本。

（2）满足用户需求

在店铺拥有大量目标客户数据的背景下，店铺通过搭建用户画像对用户喜好、需求进行统计，从而销售更适合用户的商品。原来店铺奉行的"有什么就卖什么"的闭门造车原则，逐渐转变成"用户需要什么就卖什么"，寻找更符合用户核心需求的商品才能为其提供良好的网购体验和服务。

（3）行业报告与用户研究

借助用户画像的信息标签可以挖掘行业动态，比如大学生消费偏好分析、不同年龄段的消费差异分析等。这些行业动态可以帮助店铺把握大方向，也可以挖掘更多细分市场。

4. 店铺用户画像的阶段目标

（1）创业初期

在创业初期，网店刚刚成立，商品、运营、管理等都尚未稳定，在这个不确定性很强的环境里，店铺需要进行多次市场调研及数据分析来确定细分市场，再根据细分市场中人群的特点如性别、收入、年龄、喜好等绘制用户画像，从而明确店铺商品及目标客户。所以，在创业初期用户画像的意义在于业务经营分析以及竞争分析，这是影响店铺发展战略的主要因素。

（2）成长期

在店铺的成长期，店铺商品已逐渐被市场认可，各项数据指标都处在上升阶段。这时用户画像就需要不断修正，通过不断更新的商品及数据刻画出一个详细的用户画像。初期宏观的目标群体调查将逐渐转变为细节调查，从与每一位客户的交互中寻找用户的真实需求。通过更多的、更精细的数据分析，用户画像会越来越准确。在这个阶段，用户画像会使店铺对服务对象更聚焦、更关注，以更好地满足用户的需求，并不断优化运营手段，提升店铺经营效益，从而

（3）成熟期

在店铺成熟期，店铺已经有了稳定的运作模式及成熟的商品，市场地位也趋于稳定，日常工作也以维护为主。在这个阶段，用户画像可以帮助店铺寻找新的增长点和突破口，不断进行商品转型，开发新的客户。这时店铺就要重新对宏观市场进行调查，挖掘新的细分市场，并结合成长期累积的用户画像，在老客户的基础上开发客户的新需求。

5. 构建用户画像

（1）样本筛选

首先，店铺要确定目标用户群所具备的基本特点，然后才能根据该特点搜索用户样本。以园艺商品用户为例，在筛选样本时，可以限定购买价格、年龄范围、男女比例、城市分布等来确定用户样本范围（如图2-38所示）。

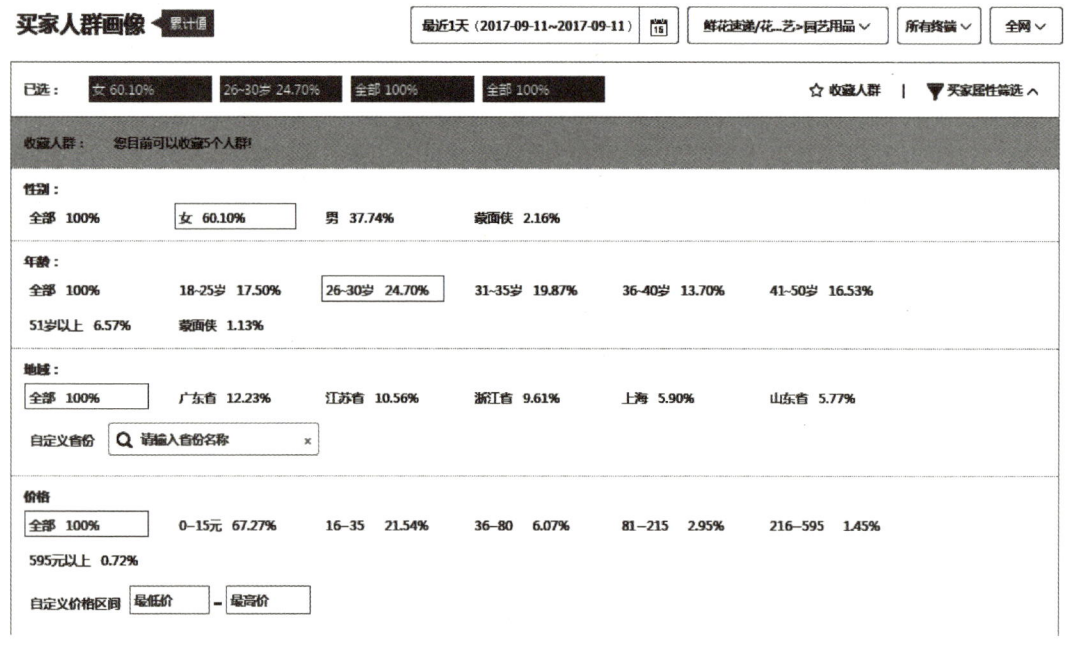

图2-38　用户样本筛选

（2）信息收集

在完成样本筛选后，企业需要在不同属性的用户中找出大多数用户的相似点，并有针对性地挑选用户进行访谈分析，并且尽可能地涵盖不同的特点类型（如图2-39所示）。若能将分析过程中不同用户的商品体验进行综合，把用户的意见带到商品改善中去，这样的信息收集往往是最有效的。

（3）构建画像

构建画像是指将收集到的信息进行整理和分析并归类，创建用户角色框架，然后根据商品侧重点将其提取出来，进行用户评估分级，并结合用户规模、用户价值和使用频率来划分，确定主要用户、次要用户和潜在用户（如图2-40所示）。最后根据构建出的用户画像进行用户评估、精细化运营和分类运营等，增强运营的针对性，提高运营效率。

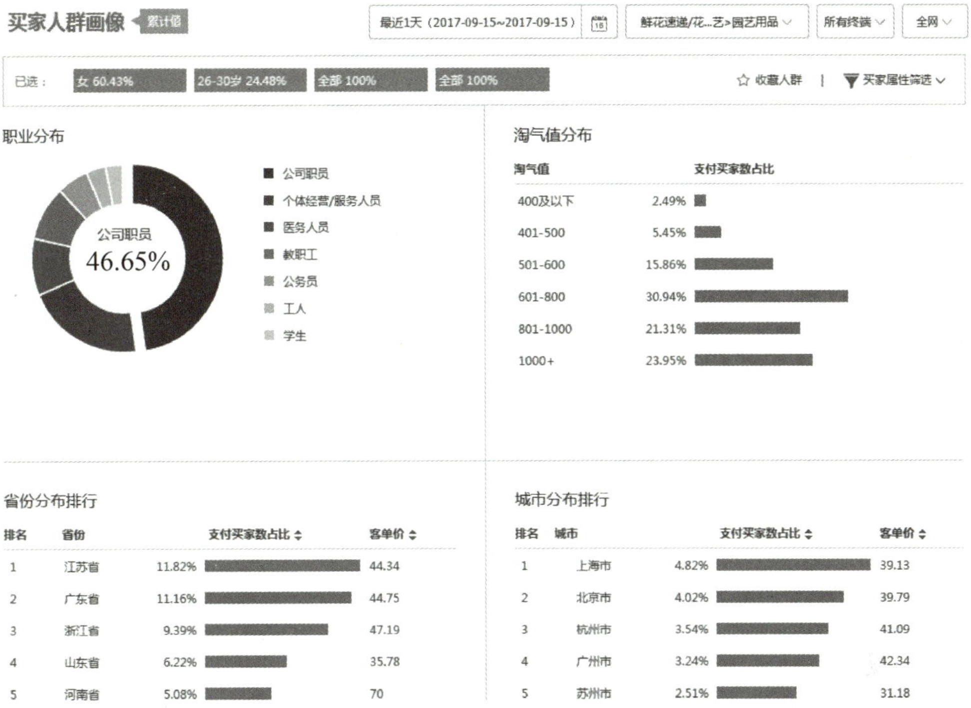

图 2-39　用户信息收集

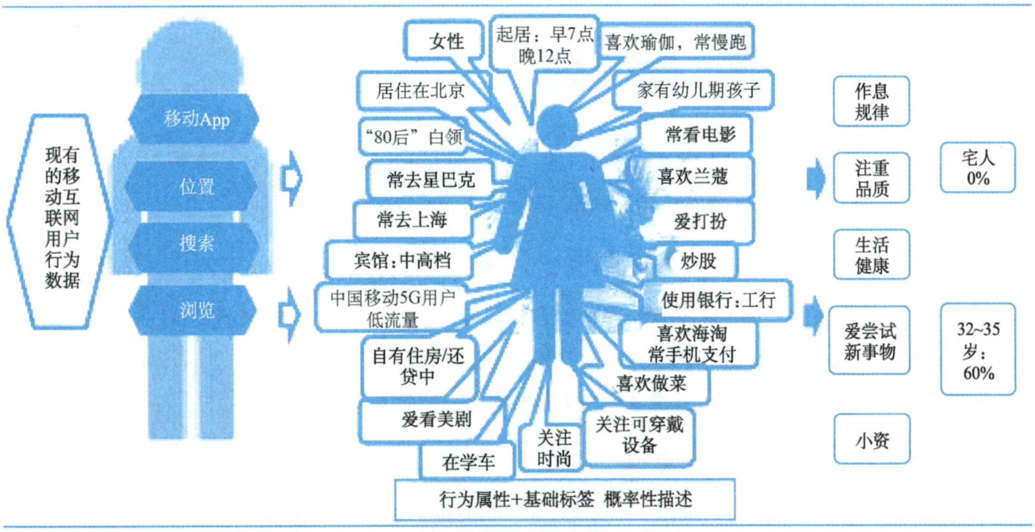

图 2-40　用户画像

同步阅读 2-3

数据可视化分析中国最大的短视频平台——抖音的用户画像

中国最大的短视频平台当属抖音，抖音每天有数以亿计的用户在其中流连忘返。这些用户都有谁呢？他们喜欢什么样的内容呢？

抖音官方数据显示，截至 2023 年 3 月，抖音男女用户比例约为 4:6，在用户中，女性用户更活跃（如图 2-41 所示）。这也符合短视频内容相对娱乐化的特点，吸引了更多的女性用户。

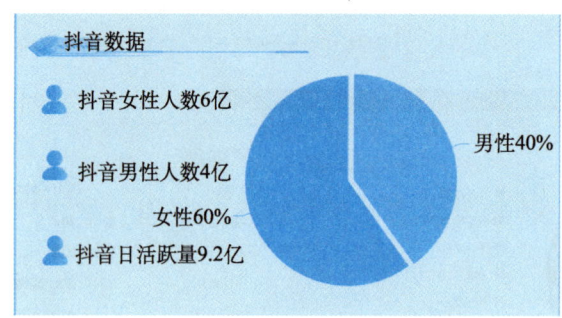

图 2-41　抖音用户性别分布

根据抖音官方公布的数据，抖音用户年龄分布广泛，主要集中在 18~35 岁。其中，18~24 岁的用户占比最高，为 35%，25~30 岁的用户占比为 27%，31~35 岁的用户占比为 16% 左右，可见抖音作为短视频平台在年轻人中很受欢迎（如图 2-42 所示）。与此同时，抖音也在不断扩大对其他年龄段用户的覆盖范围，让更多人享受到它提供的内容和服务。

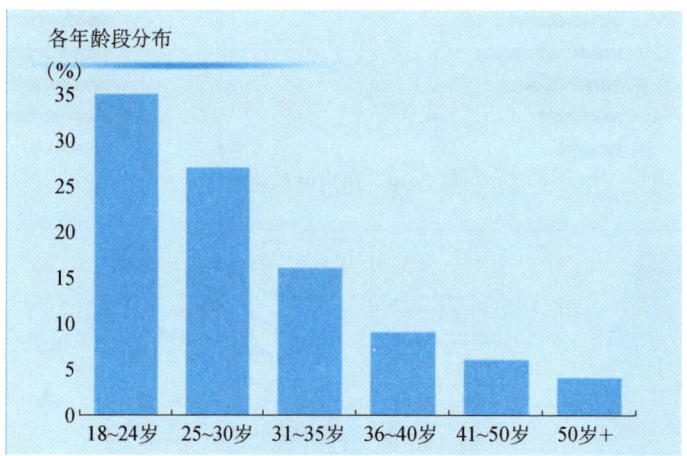

图 2-42　抖音用户各年龄段分布

抖音的内容涵盖了各个行业领域，从美食、旅游、音乐、时尚到健身、母婴、萌宠等，满足了不同用户的兴趣。抖音数据显示，用户最喜欢的内容是音乐和舞蹈，占比分别为 30% 和 21%。此外，美食、时尚、旅游、萌宠等领域也很受欢迎（如图 2-43 所示）。

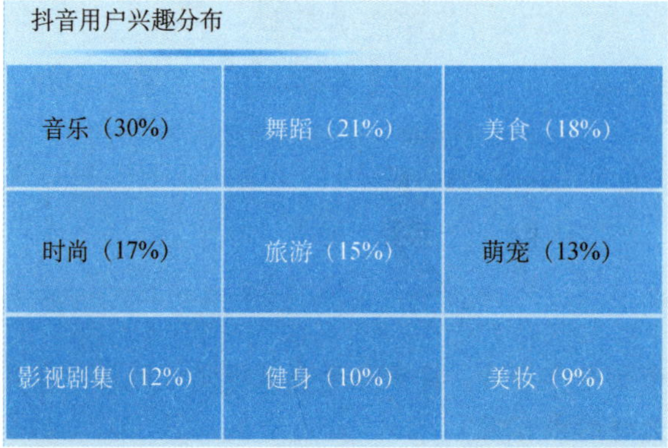

抖音用户兴趣分布		
音乐（30%）	舞蹈（21%）	美食（18%）
时尚（17%）	旅游（15%）	萌宠（13%）
影视剧集（12%）	健身（10%）	美妆（9%）

图 2-43　抖音用户兴趣分布

抖音数据显示，用户主要集中在一线和二线城市，如北京、上海、广州、深圳等地。北京、上海和广州的用户分别占 7.9%、6.7% 和 6.3%。此外，成都、杭州、武汉、南京等地的用户也比较活跃（如图 2-44 所示）。

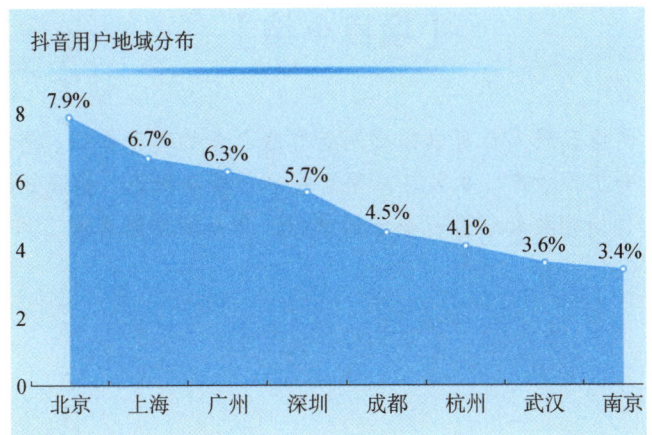

图 2-44　抖音用户地域分布

总体来说，抖音用户较为广泛，但大部分是年轻女性用户，主要集中在一、二线城市。他们喜欢音乐、舞蹈等，并且对时尚、美食、旅游、萌宠等有很大的兴趣，这也为企业在抖音开展营销和广告宣传提供了一定的参考。

【同步实训】

【实训目的】
- 掌握收集和分析用户数据的方法和工具。
- 运用数据分析技术，描绘出某品牌的用户画像。
- 提出基于用户画像的营销策略和个性化服务方案。

【实训内容与步骤】
- 打开百度指数，登录自己的账号（如图 2-45 所示）。

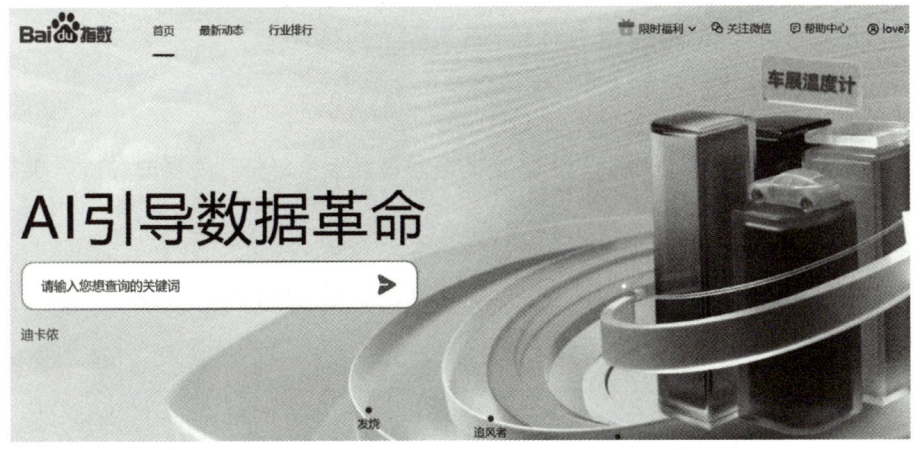

图 2-45　百度指数登录界面

- 在搜索栏中输入自己喜欢的某个品牌的名字，了解该品牌近一年的需求趋势及用户画像。
- 根据对用户画像的分析结果，提出有针对性的营销策略。

【项目小结】

通过岗前培训，网店客服人员可以掌握网店客服必备的理论知识、岗位操作技能，从而达到岗位从业要求，提升工作效率。本项目从平台规则、商品知识、物流知识以及用户画像几个方面，让网店客服人员对相关知识进行全面的学习，为从事网店客服工作做好准备。

【同步测试】

1. 单选题

（1）关于发票的说法错误的是（　　）。

A. 商家不能拒绝开发票

B. 开具发票不需要买家承担税点

C. 开发票时的销售商品可以写任何商品

D. 发票可以开给个人，也可以开给公司

（2）下列说法错误的是（　　）。

A. 商家只能用旺旺聊天达成交易，不能用除旺旺以外的聊天工具交流

B. 不能未经买家同意私自关闭交易

C. 订单超时未付款，系统自动取消

D. 如果客户不需要商品，在未付款状态下不可以自行取消订单

（3）关于信用卡及分期付款的说法正确的是（　　）。

A. 天猫商家默认支持信用卡付款（特殊类目除外）

B. 信用卡结算可以向买家收取手续费

C. 分期付款跟商家有关系

D. 分期付款时商家不是一次性拿到款项的

（4）关于退货退款问题，以下说法错误的是（　　）。

A. 自己支付的，退款会退回原先的支付渠道

B. 使用银行卡支付的，退款会从支付宝退回到银行卡中，银行处理的时间一般是 1~5 个工作日

C. 合并多笔订单代付时，目前不分场景退给买家余额

D. 找人代付的订单，确认收货之后，卖家同意退款申请的，钱款会退给买家

2. 话术编写（根据天猫平台规则回复客户）

（1）客户：亲，有没有QQ?

　　　客服：

（2）客户：亲，包邮吗？

　　客服：

（3）客户：亲，我拍错了，麻烦你帮我关闭交易。

　　客服：

（4）客户：亲，我刚刚用另外一个账号在你这里买了衣服，寄货地址写错了，你帮我改下。

　　客服：

3. 分析题

（1）网店客服应该从哪些方面提升自身的知识储备？

（2）在日常工作中，可以通过哪些工具进行用户画像构建？

项目三　做好客户接待和沟通

 本项目重难点

- 了解客户接待的基本流程；
- 学会接待客户；
- 学会沟通和催付的技巧；
- 掌握客服话术的编制方法。

 **思维导图**

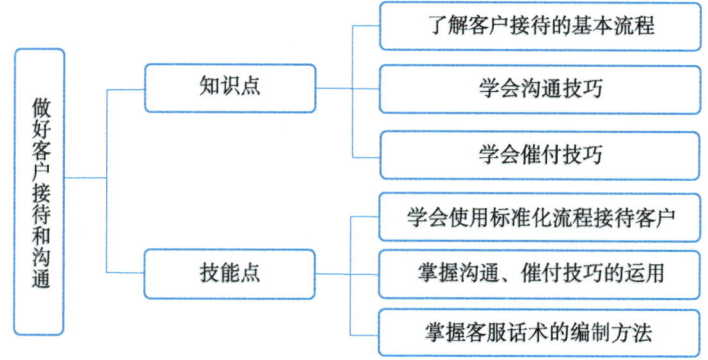

 案例导入

图 3-1 为天猫某店铺客服的在线接待聊天记录，请根据双方的沟通情况评价该客服的接待效果。

**旗舰店：amy（10:52:51）

　　*除了爱，还有**温暖你！🧸

1) 满 198 元包邮，发顺丰或申通快递，不接受指定快递；北京、新疆区域性限制，物流暂停，请考虑后下单。

2) 发货时间：12.12—12.18 的订单，有现货的会在 12 月 22 日前完成发货；预售款按指定预售时间发货（预售时间显示在宝贝尺码处）。

3) 付款前请核对尺码、颜色、收件地址。发出后若需改动，会产生二次费用，需要买家承担。付款前请一定注意，避免更改不便。

**hanxue（10:52:51）

　　亲在么

图 3-1　天猫某店铺客服的在线接待聊天记录

> ****hanxue（10:53:10）**
>
> 我163cm、90斤，穿多大合适
>
> ****旗舰店:amy（10:54:25）**
>
> 您好~很高兴为您服务！有什么可以为您效劳的呢~
>
> ****旗舰店:amy（10:54:27）**
>
> 根据您提供的数据，大多数客户选择 S/M 码。亲也可以按胸围、腰围、肩宽等尺寸参考尺码表喔
>
> ****hanxue（10:54:54）**
>
> 是羽绒服么
>
> ****hanxue（10:55:15）**
>
> 毛领是真毛的么
>
> ****旗舰店:amy（10:56:09）**
>
> 我们家是专业做羽绒服的哦，填充物为 80%的纯天然白鸭绒，都是经过消毒处理的，具有轻软、蓬松、舒适等特性，我们的衣服保暖效果很好
>
> ****旗舰店:amy（10:56:12）**
>
> 帽子的毛领选用的是高仿的假毛领，可以拆卸，不易掉毛却有真毛领的垂顺度和色泽~
>
> ****hanxue（10:58:24）**
>
> 是橘色吧
>
> ****hanxue（10:58:36）**
>
> 红色备用是什么意思
>
> ****旗舰店:amy（10:59:40）**
>
> 颜色备用是指第一个颜色拍完以后，再拍备用库存哦，质量是一样的哈，您放心呢

图 3-1　天猫某店铺客服的在线接待聊天记录（续）

【案例分析】

在网络交易的整个过程中，买家和卖家无法实现面对面交易，买卖双方只能通过文字、表情来表达彼此的想法、需求等，这样对在线客服人员的接待及沟通能力提出了较高的要求，并且买家和卖家存在地域、文化层次、环境影响等差异，在线客服如何利用相关技巧快速有效地促成交易，是值得我们思考和总结的问题。

任务 1　规范的客服接待流程

一、客服流程标准化的作用

客服流程标准化的作用主要是把企业内的成员所积累的技术、经验，通过文件的方式加以保存，从而不会因为人员的流动导致所有技术、经验跟着流失。与线下的客服一样，在线客服接待客户时同样具有标准化的流程。

（1）提高在线客服的工作效率

在线客服工作流程的标准化为客服工作的有序开展指明了方向，使客服的工作能够有的放矢，减少工作中的失误，提高工作效率。

（2）体现客服工作的规范和专业

统一的标准化流程，可以让客户感受到客服工作的规范和专业，从而使客户建立一种信任感，给客户留下良好的印象，为客服工作的开展奠定良好的基础。

（3）有利于企业对在线客服的管理

有了统一的标准化流程，可以帮助企业对新员工进行有效的培训，减少企业的管理成本。同时，还有利于企业对在线客服进行考核和管理，从而提升店铺的整体绩效。

二、售前客服接待流程

接待客户是客服的主要工作，也是最重要的工作。在与客户沟通的过程中，客服人员要学会快速地捕捉客户的需求，从而对客户进行精准有效的推荐，促成交易的成功。

如何正确解读售前客服接待流程

（一）客服的接待流程

售前客服接待流程如图3-2所示，可以概括为"迎接问好—答疑解惑—商品推荐—促成交易—信息核实—礼貌告别"。

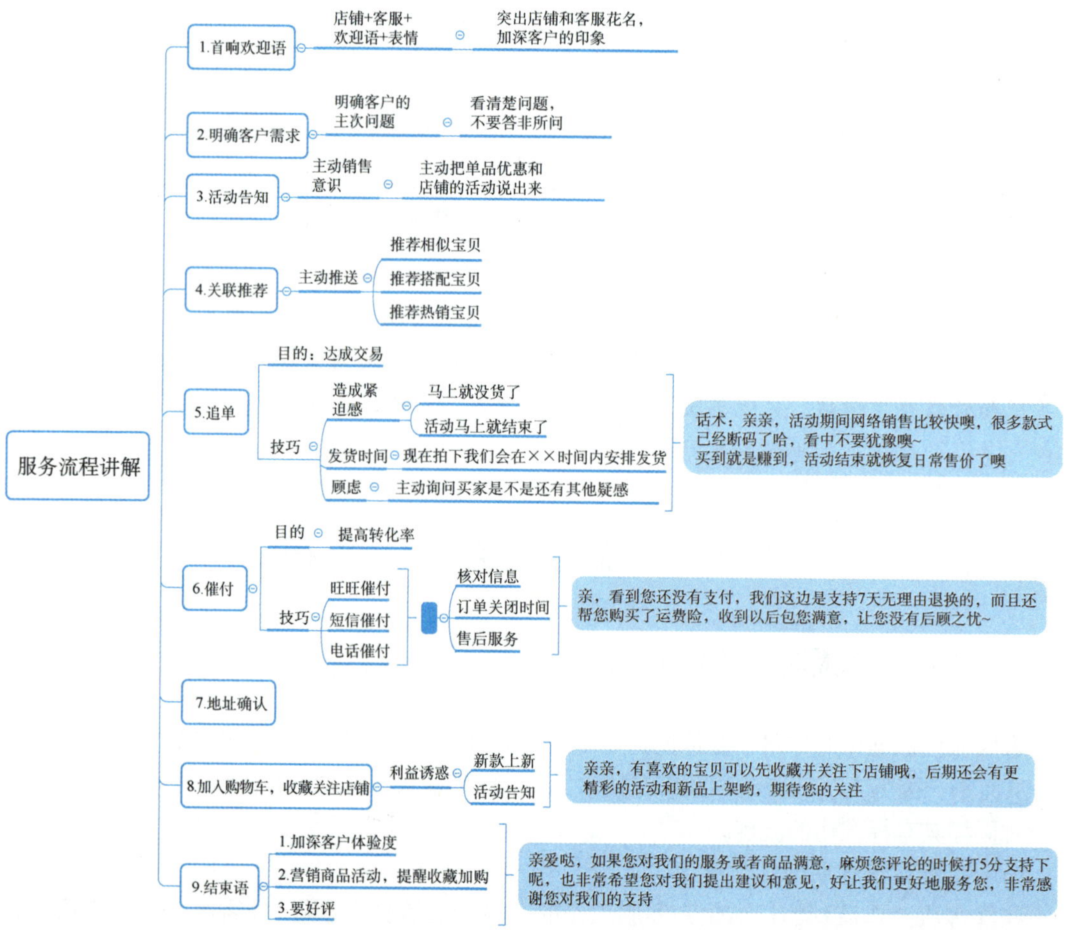

图3-2 售前客服接待流程

1. 迎接问好

迎接问好是在线客服人员接待客户时的第一个工作流程，问好虽然简单，但是却有着很深的学问，需要注意以下事项。

（1）及时问好，防止客户流失

在商品同质化日益严重的今天，服务质量的好坏将直接影响客户停留与否。因此，客服需要快速、热情地响应才能给客户留下良好的初始印象，为后面的交易奠定良好的基础。如果在线客服长时间没有响应，会使客户另选商家，对店铺来说会是很大的损失，如图3-3、图3-4所示。

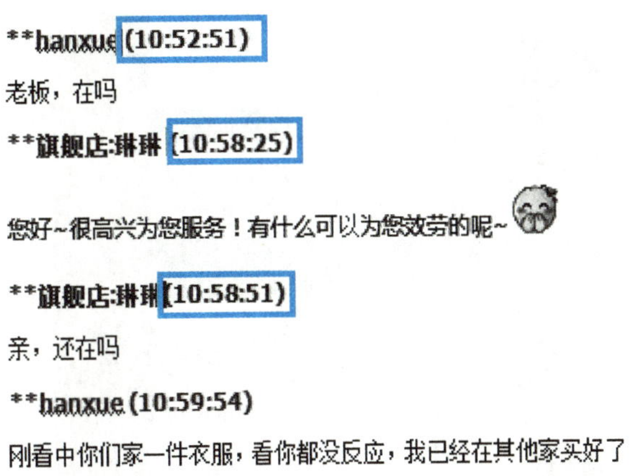

**hanxue (10:52:51)
老板，在吗

**旗舰店:琳琳 (10:58:25)
您好~很高兴为您服务！有什么可以为您效劳的呢~

**旗舰店:琳琳 (10:58:51)
亲，还在吗

**hanxue (10:59:54)
刚看中你们家一件衣服，看你都没反应，我已经在其他家买好了

图3-3　迎接问好案例1

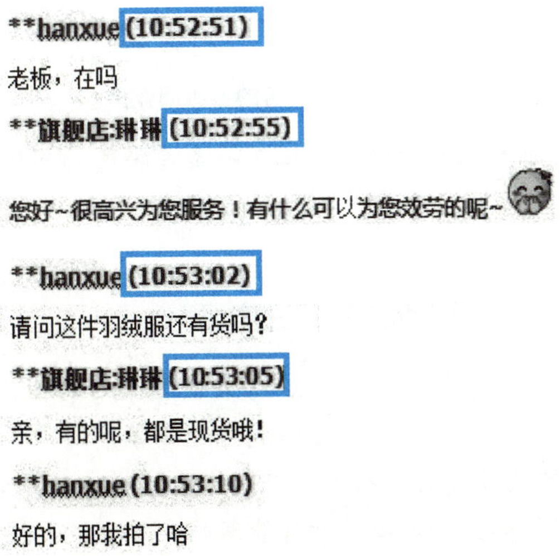

**hanxue (10:52:51)
老板，在吗

**旗舰店:琳琳 (10:52:55)
您好~很高兴为您服务！有什么可以为您效劳的呢~

**hanxue (10:53:02)
请问这件羽绒服还有货吗？

**旗舰店:琳琳 (10:53:05)
亲，有的呢，都是现货哦！

**hanxue (10:53:10)
好的，那我拍了哈

图3-4　迎接问好案例2

通过上述案例，我们可以发现，如果在线客服人员能够及时、快速、积极地迎接问好，并且做出正面的回复，就很有可能留住客户，甚至有可能成交。

（2）问候语要体现店铺特色

好的问候语不仅能带给客户不一样的感受，而且容易吸引客户继续交流，加深客户对店铺及客服人员的印象。比如，大家非常熟悉的"三只松鼠"店铺对客户的称呼是"主人"，非常有特色（如图3-5所示）。因此，优秀的客服要学会根据店铺及商品的定位提炼具有店铺特色的问候语，给客户留下良好的第一印象。

图 3-5　三只松鼠旗舰店的客服问候语

做一做：结合店铺商品及目标客户的特点，编写一条有特色的问候语。

 同步阅读 3-1

迎接客户的"三字经"

网购客户普遍具有购物时间短、浏览耐心差、决策速度快的购物特征，在这样的情形下，客服应该牢记三个字，即"快、热、简"，这可以成为迎接客户的"三字经"。

"快"是指客服回应客户的速度要快。人工响应一般要控制在 6 秒之内，如果咨询的人数较多，人工客服不能及时回应，那么一定要借助智能客服实现分流和快速响应。

"热"是指客服的服务态度要热情。热情不是指客服一定要回复笑脸表情，或者在回复的文字中包含"亲亲"等，而是指客服在热情的同时，要给客户解决问题，所有回答都要协助客户解决问题。例如，客户问"这个内衣是纯棉的吗？"客服回复"亲亲，详情页里都有哦"，虽然客服看似热情，但是对于客户问的问题，并没有给出解答，而是又将其抛给客户自己去解决。

"简"不是指简单，而是指客服如何能够让客户在购物的过程中感觉到非常简捷、方便。客户在前端的操作越简单，商家在后端付出的服务越多，需要的分析能力越强。客服可以将常见的问题进行汇总，放在首次回复话术里，比如发货问题、物流问题、促销信息等，让客户自阅，这样可以提高客户获取答案的速度，提升客户体验感，减少重复的工作。

此外，客服在欢迎语中也可以给店铺打广告，比如可以宣传自己的品牌或者店铺标签，强化品牌印象；也可以提醒客户参与店铺的促销活动，加强客户黏性。

2. 答疑解惑

每个客户都会对店铺的商品及服务提出具体的疑问，因而如何在最短的时间内正确、有效地解答客户的疑问，会对最终的结果产生重要的影响。客户关于商品的疑问主要集中在尺码、色差、质量等方面（如图3-6所示）。

打消客户疑虑的正确打开方式

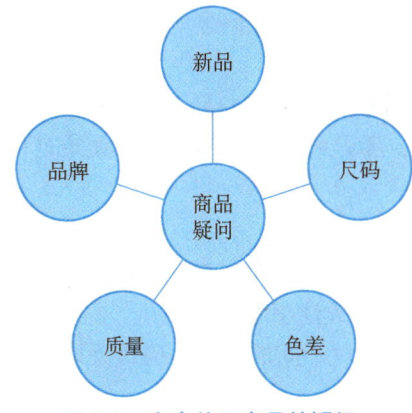

图3-6　客户关于商品的疑问

（1）商品疑问

客服必须要熟悉自己所在店铺的商品，详细地了解商品的材质、尺码、质量等，这样才能更好地帮助客户进行分析、选择，专业地引导客户购买。

为更好地服务客户，提高店铺整体的服务效率和服务质量，商家会根据客户对商品的不同疑问，制定统一的标准话术，以达到事半功倍的效果。下面列举常见的关于商品疑问的参考话术。

① 关于是不是新品。

【是】亲，这款是我们设计师最新设计并准备主打的××系列的新品哦（如果新品有相应的活动也可以加上）。

【否】亲，您看的这款是我们设计师之前设计的经典商品，不是新品哦，但是之前购买过这个商品的买家都很喜欢（如果这款卖得很好则可以加上"并且卖得也十分好"），如果您想看我们最近设计的商品请到我们的新品专区（为客户提供链接）。

② 关于尺码及推荐。

话术：亲，每个宝贝的页面中都会有详细的规格尺码信息，您在浏览宝贝的时候可以查找一下，您这款的尺码信息是这样的（附商品详情页面的尺码信息截图）。

③ 关于品牌。

话术：嗯嗯，是的，亲，我们××（品牌名称）是一个全新的品牌，我们立志做最有趣的××。希望有您喜欢的款式，同时也希望您能够多提提意见哦！

④ 关于色差。

话术：亲，请放心。我们所有的商品都是实物拍摄，但可能会因为每个人的显示器不同等原因出现轻微的色差，这属于正常现象哦。

⑤ 关于商品的质量。

问题：是正品吗？

话术：亲，××品牌目前仅此一家旗舰店哦，旗舰店的申请需要公司的营业执照、商标注册证、税务登记证、商品质检报告等手续证明。所以您大可放心，并且我们所有出售的商品包装上都会有我们的品牌 Logo、相应的吊牌及字印，保证是正品。而且，我们的宝贝都是我们设计师的独家设计，如果您发现有其他不法商家盗用我们的图片，欢迎举报哦。

问题：商品的质量有保障吗？

话术：关于质量问题您可以放心。我们的每一步生产工序都有专门的 QC 做严格的品控，每一件货品都经过××质检，不会将有质量问题的货品上柜。后期您在使用过程中出现任何疑问，也可以随时联系我们哦！

对于客服而言，必须要非常熟悉店铺的商品，这样才能为客户提供更好的服务。

做一做：不同的商品类目，客户的关注点不同，请收集自己感兴趣的三个商品类目的相关知识，了解客户对此类商品的关注点是什么。

（2）价格疑问

价格是交易过程中最敏感的问题，针对客户对价格的提问，客服要学会"价值传递"，通过客服的引导，使客户把对价格的关注引导到质量上，强调高性价比，减少客户的犹豫时间，同时让客户更容易接受。另外，面对不同的客户，应该采取不同的应对策略，要学会具体事情具体分析。

① 切忌生硬回绝。

反面案例如下。

买家：能不能再便宜点呀？

客服：我家从来不还价的！

在这个案例中，我们可以感觉到，这个店铺的客服很"高傲"，把自己店铺的位置摆得很高。就算实在不能还价，也要做到语气委婉，切忌生硬回绝，所谓"买卖不成仁义在"，这时候客服可以利用自己的沟通技巧来促成交易。

正面案例如下。

亲，一分价钱一分货哦！这款在我们店里卖得很好，买家评价也很不错，您买了就知道啦，性价比超高的！

② 勿一口拒绝。

当客户砍价时，切勿一上来就拒绝，要委婉地回应，例如：

买家：可以便宜点吗？

卖家：亲，真的很抱歉呢，我们的价格都是公司统一制定的，线上线下是完全一致的价格体系，并且有很高的性价比。除了特殊活动，您收到的货品标签价格就是实际价格，我们想做诚实的商家，不愿意给客户留下虚标高价再打折的印象，希望亲谅解呢！

③ 有条件地退步。

当议价达到最终阶段时，可以通过有条件的让步来促成交易。要懂得对客户提出一些小要求，例如下次再来、介绍人来买或给好评、立即付款，让客户觉得这个优惠来得不容易，产生珍惜的心理。例如我们可以这样表述：

亲亲，既然您这么有诚意，刚才小二帮您跟主管磨了好久才勉强答应了，但亲收到宝贝后一定要记得给五星好评哦，否则小二就无法跟主管交代了，感谢亲的支持哈！

④ 学会价值传递。

遇到实在无法降价的商品，要让客户明白商品本身的价值，无论是从质量还是从性价比、功能上说，一定要让客户觉得物有所值。

⑤ 搭配销售。

可以推荐客户购买优惠套餐或相关的商品，这样能满足客户的议价欲望，同时还能提高销售额，一举两得。

此外，我们也常常会遇到客户提出是否能送小礼品、是否包邮等问题，我们同样需要耐心、细致、委婉、真诚地向客户解释和说明，参考话术如表3-1所示。

表3-1 参考话术

客户问题	参考话术
是否能送小礼品	亲，实在是不好意思，我们店铺一般在节假日搞促销活动的时候才会送小礼品哦！平时只有一些老客户会员，或消费金额大于××的时候才会赠送呢。 亲，您每次购买都会累计积分，终身有效，不过期、不清零。而公司的礼品除定期积分换购外，还有专门为客户不定期定做的呢，以保证每一位客户的专享性和品质感，相信肯定会给亲惊喜哦！
下次来是否有优惠	亲，只要您成功购买了我们的商品，按照不同的购买金额会得到不同价值的优惠券哦，您下次购买的时候就可以使用哦！
是否包邮	亲，真的很抱歉哦，这款宝贝已经是最低价格了，实在无法给亲包邮了呢，请亲谅解哦！不过店铺现在有满××包邮的活动，亲可以看看还有没有其他喜欢的商品，达到这个额度就可以包邮哦！

想一想：面对客户的议价，客服应该保持什么样的心态？

（3）物流疑问

在网络交易过程中，物流是一个重要的载体，也是客户非常关注的问题。问题大多集中在"什么时候发货""今天能发货吗""使用什么快递""可否指定快递""几天能到"等。由于大多数网店基于成本的考虑都会选择第三方物流，因此存在很多不可控因素，这也给客服造成了很大的难度。面对客户有关物流的疑问，客服应该站在客户的角度来说明问题，理解客户的心情，及时耐心地做好解释，帮助客户解决问题。

反面案例：

买家：今天可以发货吗？

买家：今天能发圆通快递吗？

卖家：亲亲，我们是按照下单的顺序先后发货的。不能接受任何备注和留言，默认发申通快递，申通快递不到的地区请勿拍。

买家：加钱可以吗？

卖家：不能接受任何备注和留言，默认发申通快递，申通快递不到的地区请勿拍。

在上面这个案例中，虽然实际情况有可能是店铺商品在价格上优惠，无法满足客户自行选择快递的需求，但是在线客服在沟通中却直接表明不接受任何备注、留言。暂不说这样的做法是否妥当，看到这一行字时，相信很多客户都有一种受到不公平待遇的错觉，大大削弱了交易的愉悦感和乐趣，客户体验度直线下降。

其实对于同样的情况，客服完全可以换个角度来进行说明。如果能够和客户说清楚本店的合作物流取货快、运输放心、无丢失情况等，所以暂时没有办法让客户自行选择，客户在心理上会更舒服，也更愿意接受这样的结果。另外，客服在为客户答疑的同时也要学会善于提问，掌握沟通交流中的主动权，主动地引导客户，参考话术如表3-2所示。

表 3-2 物流相关问题的参考话术

客户问题	参考话术
使用什么快递	亲，为了能够让您尽快地收到宝贝，并保证宝贝在运输过程中的安全，我们默认使用发货速度最快的顺丰，并且对宝贝进行保价。亲那边顺丰能到吗？
我这边顺丰快递送不到，你给我发申通或其他快递吧	亲，实在是抱歉，EMS 相对于××快递更安全。您放心，我们给您发的是 EMS 航空快件，不是平邮哦，所以速度还是很快的。
什么时候发货	亲，一般每天××点前完成支付的订单，当天可以发货，××点之后支付就要第二天发货了，星期天是不发货的哦！
如果真的情况十分特殊，是否可以优先发货	亲，鉴于您情况特殊，为了保证您能早日收到宝贝，小二已与仓库进行沟通确认，我们会在今天为您安排发出，请您注意查收哦！

想一想： 假如你是客服，面对客户快递丢失的情况，你会如何处理？

3. 商品推荐

在完成答疑后，在线客服会进入一个新的工作流程——商品推荐。通过商品推荐，可以帮助客户快速锁定需求商品，提高服务效率，促进成交。同时在线客服可以利用关联推荐的技巧，关联更多客户需要的商品，刺激客户的新需求，从而提高客单价。商品推荐比商品答疑更复杂，也对在线客服提出了更高的要求，在线客服必须要在了解客户需求的基础上，才能进行有针对性的推荐。

如何把商品推荐说到客户心坎里

（1）学会挖掘客户需求

在网络交易中，很多时候客户不会直接告知自己的需求，需要客服通过询问的方式对客户进行深入挖掘。因此，客服的询问需要有针对性，一定要对客户有初步了解，这样才可以更贴近客户的真实需求。以天猫店铺为例，可以通过千牛聊天窗口的智能客服页面查看客户信息、客户足迹、以往购买记录等来了解客户需求（如图 3-7 所示）。

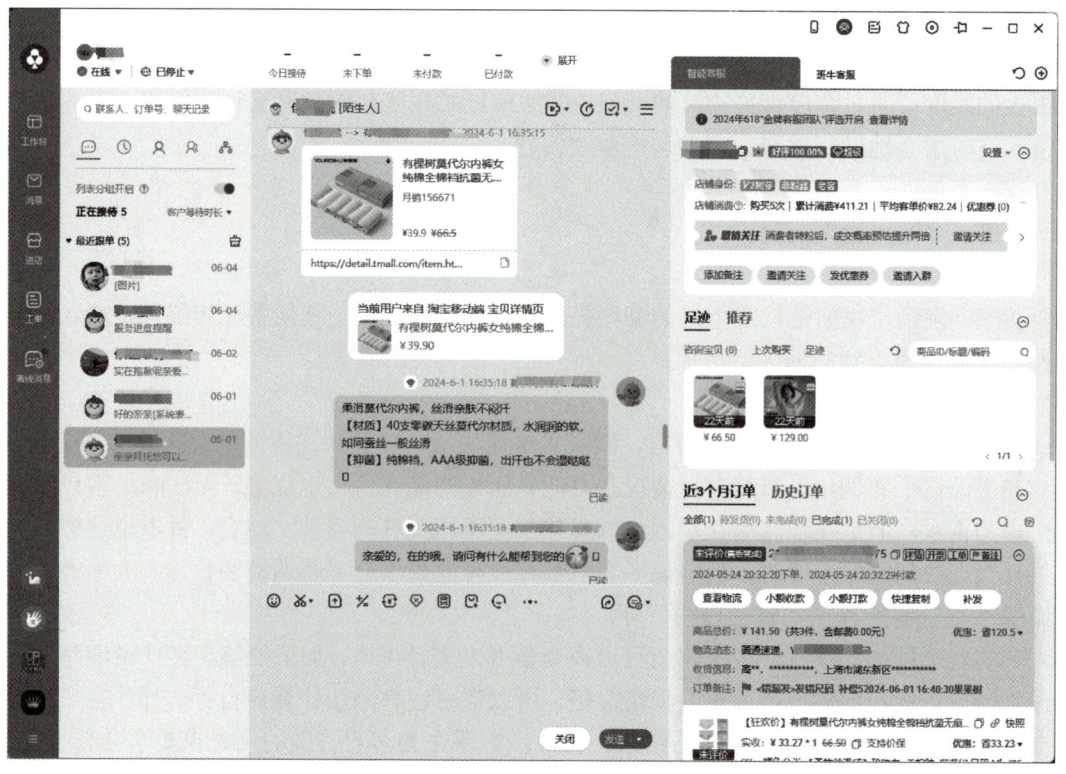

图 3-7　通过千牛收集客户基本信息

在"客户信息"栏中可以了解客户的注册时间、信用等级、好评率,以及是否是本店会员等。客服可以按照客户等级及注册时间对客户进行初步判断,如表3-3所示。

表3-3 客户信息分析判断

客户等级及注册时间	客户类型	初步判断
注册时间短,信用等级低	新客户,也可能是骗子、恶意差评师等	注意这类客户的问题是否有"陷阱",不要被客户带节奏,以免掉入陷阱
注册时间短,信用等级高	下沉市场中的活跃客户,如四、五线城市的中老年客户、学生等	可能属于冲动型客户,客单价不高,要抓住第一次沟通机会引导成交,不要错过冲动期
注册时间长,信用等级低	客户对网购不习惯或没信心	通常在重大活动时才会进行网购,客单价并不一定低
注册时间长,信用等级高	优质客户,购物频繁且数量多,能够贡献较高价值	客服要体现专业度,也要表现出服务诚意,不要与客户产生纠纷

在"咨询宝贝""上次购买""足迹"这几栏中可以了解客户曾经咨询过的宝贝和浏览的足迹,推荐时可以有针对性地介绍商品,这样效率和成功率都会更高。有大促活动时,客服可以适时发送活动信息,提醒客户收藏和加购,让其在活动时进行购买。客服还可以在千牛看到客户在本店铺的全部订单信息,包括正在进行的订单和已经完成的订单,客服也可以根据客户经常购买的商品进行推荐。

想一想:客服可以通过哪些途径获取客户信息?

(2)学会有效推荐

有效推荐不是把商品最明显的规格、价格、功能等直接告知客户,而是要学会挖掘商品的卖点,让客户深度了解商品的属性、优势,以及能够带给客户的利益,这样可以有效地提升客户的体验度和信任度,打消客户的顾虑,让客户认可本店的商品,从而提高转化率。

(3)学会关联推荐

① 推荐同类商品:当客户主动询问是否有同类商品时,客服就可以根据客户的要求向其推荐同类商品。如果客户没有主动提问,客服一般不要推荐同类商品,以免造成冲突,使客户产生不信任的心理。

② 推荐配套商品:有配套的商品时,客服一定要向客户推荐配套商品。一方面可以增加销量,另一方面可以避免客户因为没有配套商品而产生不愉快的购物体验,最终导致差评。比如客户购买台灯时会理所当然地认为是有灯泡的,而有时候这两个商品是分开销售的。因此,客服向客户推荐灯泡,一方面可以提高销量,另一方面可以避免一些粗心的客户产生误会,从而影响店铺评价。对于这类商品的适时配套推荐,可以达到一举两得的效果。例如,常见的电脑搭配推荐套餐如图3-8所示。

③ 推荐促销商品,客服可以选择性地向客户推荐促销商品,通过促销刺激,挖掘客户的潜在需求。

想一想:在关联推荐时我们应该注意哪些问题?

4. 促成交易

促成交易是非常重要的阶段,优秀的客服往往能在这个阶段把握好"临门一脚",有效地抓住客户的心理,促成其购买,这也是优秀客服必须具备的技能。促成客户交易的技巧主要有以下几种。

(1)假定客户已经同意购买

当客户出现购买信号却又犹豫不决时,可采用"二选一"技巧(如图3-9所示)。譬如,

成交前的"临门一脚",怎么踢才有效

客服可对客户说:"请问您要那件浅灰色的还是银白色的呢?"

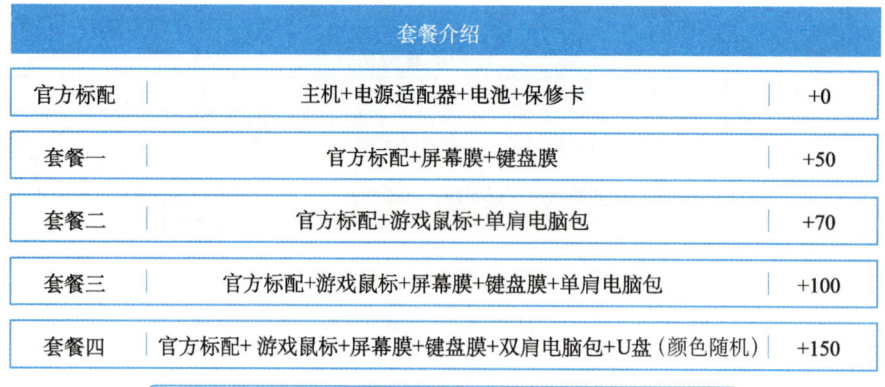

套餐介绍		
官方标配	主机+电源适配器+电池+保修卡	+0
套餐一	官方标配+屏幕膜+键盘膜	+50
套餐二	官方标配+游戏鼠标+单肩电脑包	+70
套餐三	官方标配+游戏鼠标+屏幕膜+键盘膜+单肩电脑包	+100
套餐四	官方标配+游戏鼠标+屏幕膜+键盘膜+双肩电脑包+U盘(颜色随机)	+150

注意:游戏鼠标/U盘的颜色都是随机的

图 3-8 电脑搭配推荐套餐

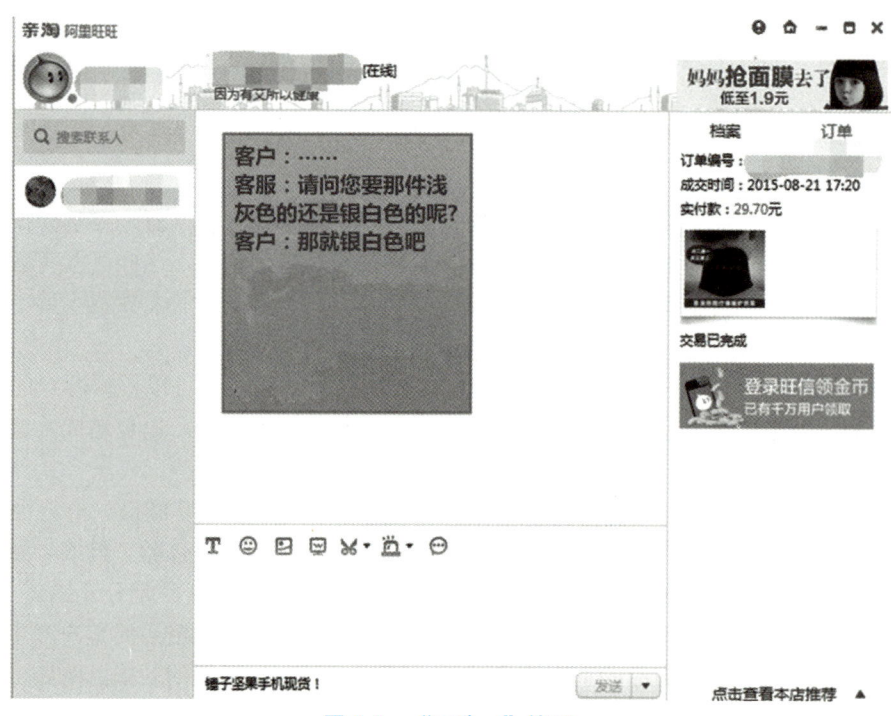

图 3-9 "二选一"技巧

(2)帮助客户挑选

许多客户即使有意购买,也不喜欢迅速下单,要在商品颜色、规格、样式、发货日期上不停地"打转"。这时,客服就要改变策略,暂时不谈订单,转而热情地帮对方挑选颜色、规格等,一旦上述问题解决了,订单也就落实了(如图3-10所示)。

(3)利用"怕买不到"的心理

常常越是得不到、买不到的东西,人们越想得到它、买到它。客服可利用这种"怕买不到"的心理来促成订单(如图3-11所示)。例如,客服可对客户说:"这款商品只剩最后几个了,短期内不再进货,您不买就没有了。"或说:"今天是优惠价的截止日,请把握良机,明天就买不到这种折扣商品了。"

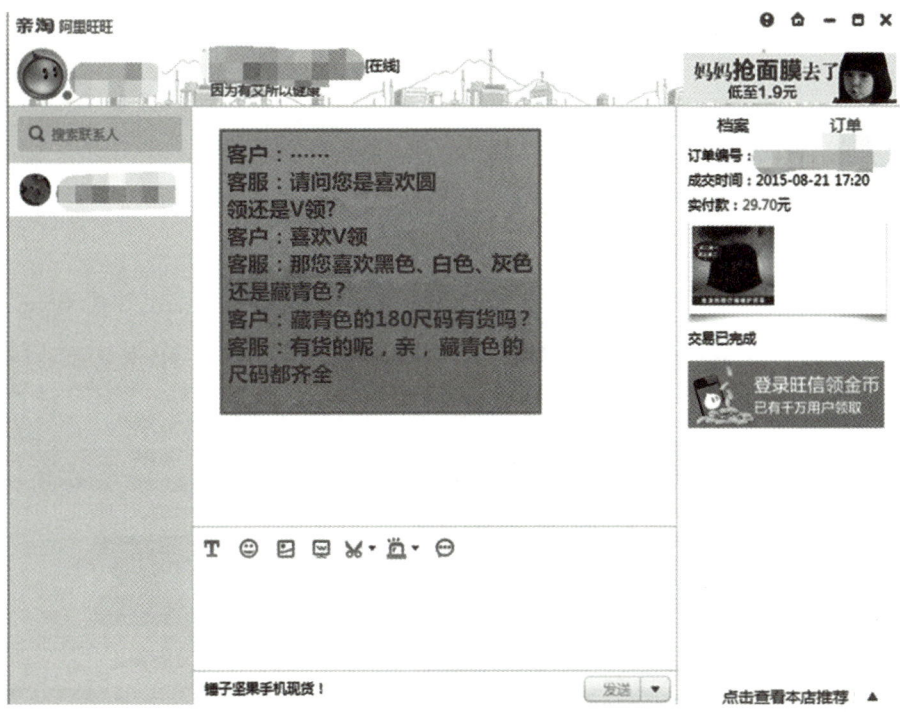

图 3-10 帮助客户挑选

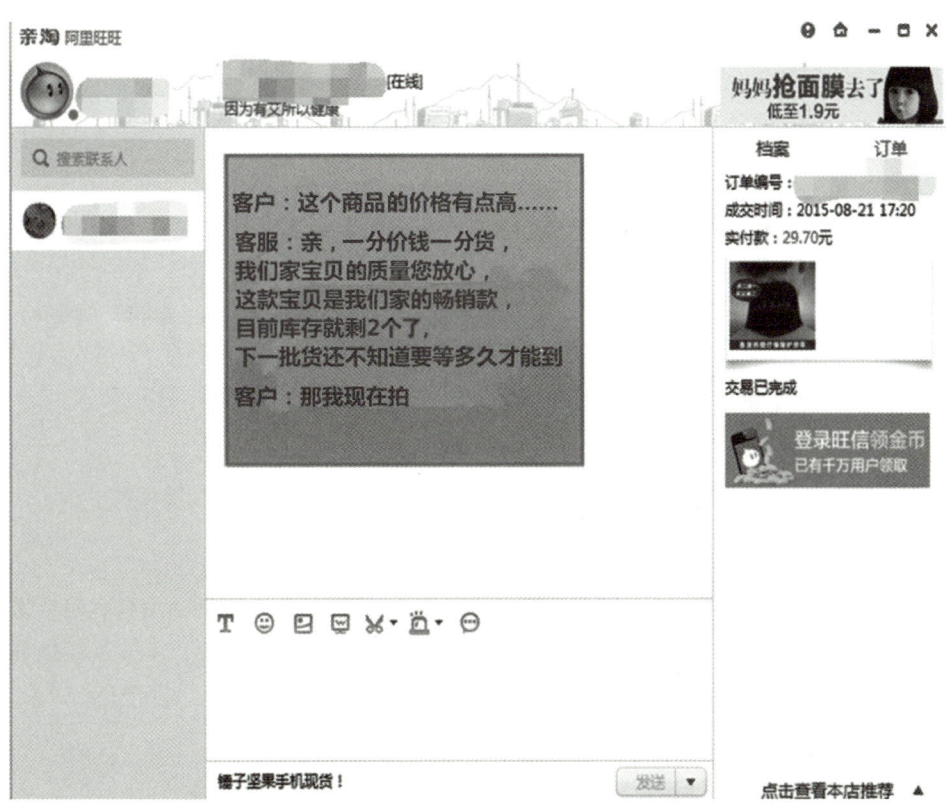

图 3-11 利用客户"怕买不到"的心理

（4）先买一点试用看看

客户想买本店的商品，可又对商品没有信心，可建议对方先买一点试用看看。这种"试用看看"的技巧也可帮客户下决心购买。

（5）反问式的回答

所谓反问式的回答，就是当客户问到某种商品，但这种商品正好没有时，就得运用反问来促成订单。举例来说，客户问："请问你们有粉红色的柜子吗？"这时，客服不可回答"没有"，而应该反问："不好意思哦，亲，我们没有粉红色的柜子，不过我们有黑色、棕色、白色、米色的，在这几种颜色里，您比较喜欢哪种？（如图3-12所示）"

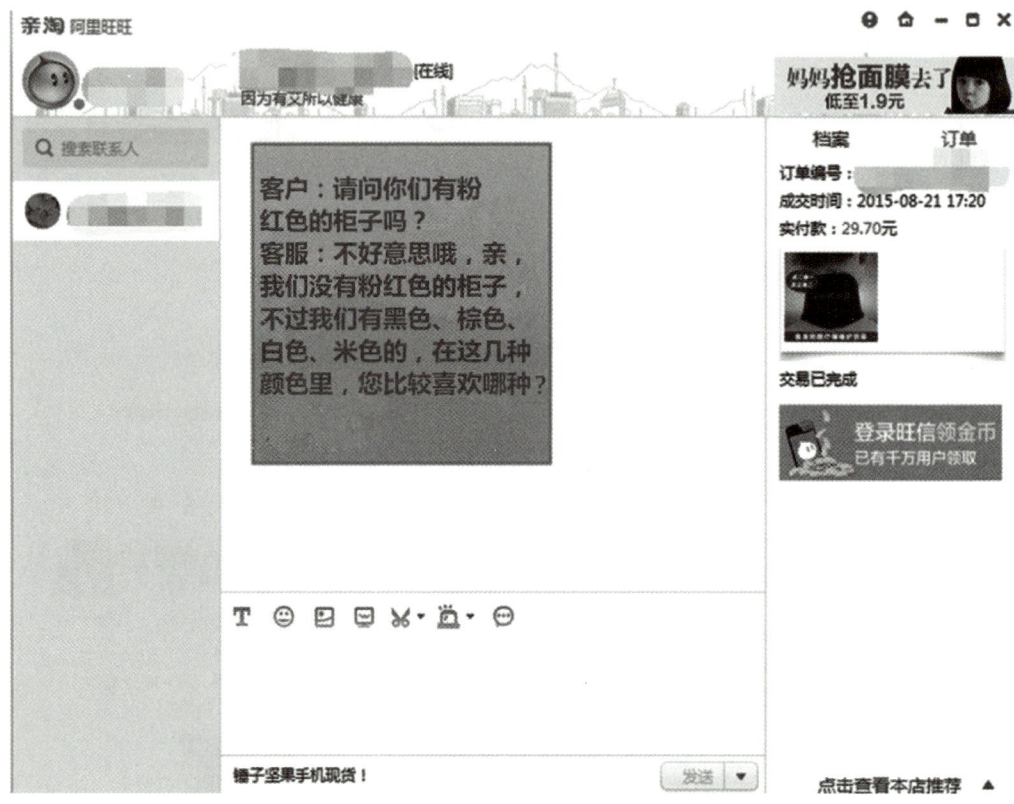

图3-12　巧妙反问，促成订单

做一做：编写两条促成交易的话术。

 同步阅读 3-2

四大技巧快速提升客服销售转化率

店铺销售服务是直接决定一笔订单能否成交的关键，也是客服的核心工作。相信客服都会遇到有人咨询可最后却不下单的情况，对待这种情形我们又该如何攻破，才可以快速提升客服的销售转化率呢？开篇之前，先跟大家分享一个客服接待聊天案例。

对话一：

买家：我要买件T恤。

卖家：亲，上架的商品都有库存哦，直接拍下就好。

买家：……

对话二：

买家：我要买件 T 恤。
卖家：您喜欢什么样的款式呢？圆领的还是 V 领的呢？
买家：圆领吧。
卖家：那您喜欢简约一点的还是华丽一点的呢？
买家：简约一点的就好。
卖家：结合您的喜好，给您推荐这款，亲可以看一下哦！
买家：好的，我看看，谢谢你。

在这个案例中，客服采用了不同的回应方式。分析以上两个对话，你觉得成功率高的是哪一个呢？很明显是第二个。第一个对话乍一看挺正常，但跟第二个对比，就相形见绌了。

第二个回复通过两个简短的二选一问题，就帮助买家确认了，这个时候再向买家推荐商品，是不是更有针对性，更容易成交呢？

这里涉及客服沟通技巧的问题，四大技巧可以帮助商家快速提升客服销售转化率。

（1）提升沟通技巧

正如前文提到的案例，客服在接待买家的时候，沟通技巧显得尤为重要。关于沟通技巧，就是通过询问的方式了解买家的购买需求，缩小推荐范围，从而更精准地向买家推荐商品，实现销售转化。

我们先看一个案例：
买家：你好，请给我推荐一套日常护肤品。
卖家：亲，您可以看一下我们的精油补水套装。
买家：呃……可是我对精油有点过敏啊。
卖家：抱歉，那给您推荐这款抗皱美白套装。
买家：我才 20 岁，抗什么皱啊。

从这个沟通案例中我们可以看出，这位客服绝对是销售导向型的，她一开始推荐的"精油补水套装"明显是价位较高的商品，而这位客户说"可是我对精油有点过敏啊"，这就是客户有异议的一种表现，但是客服并没有从推荐失败中吸取教训，反而继续一厢情愿地推荐"抗皱美白套装"，再次引起客户的强烈反感。

这位买家要求客服推荐一款日常护肤品，首先客服应该在推荐之前了解她的肤质和需求。了解肤质后，接着应该去了解客户平时的护肤习惯。不论是卖化妆品还是卖衣服，我们都要问一下客户以前用什么品牌、什么类型，只有找到参照物我们才能更精准地推荐商品。

所以说，客服盲目推荐是低效的。在给买家推荐之前，应先通过提问去了解客户，比如肤质、喜好等，并由此获知客户的一些真实信息。而且，站在客户的角度，向她提问一些有针对性的问题，反而可以让客户感觉到我们的专业性。

（2）实时跟单催单

买家从咨询客服到最终成交，中间有好几个阶段，包括询单、下单、付款等。而从转化成功率的角度分析，买家从询单到下单，再从下单到付款，都有相应的转化率，当然，同样也意味着有流失率。而实时跟单在这些环节中可以大大地提升相应的转化率。但是要注意方式方法，很多客服和客户没聊几句就开始催付："您现在付款吗？"这样会让客户感觉唐突，应尽量多沟通，委婉地询问，比如说"您需要今天发货吗？我现在帮您备货怎么样？"不要让客户觉得你急功近利。

催单同样也要委婉，每天要将下单未付款或聊得不错但忽然不回复的客户记下来，用开放式提问引导客户，比如"您喜欢哪个颜色呢？"围绕商品继续询问，等回复后再提及关键点，时机成熟就可以催单，但一定不要问封闭式问题，特别是"在吗"，因为这种问题肯定不会被回复。

（3）客服主动推荐

我们先看一个案例。

买家：我拍了牛肉干，你看下有货吗？

卖家：有货的呢。亲喜欢吃辣的呀，我们还有川辣味的猪肉脯，您要不要试一下呀？买两款零食可以包邮哦！

买家：一次买太多怕吃不完呢……

卖家：不会的，这两款一般一次吃一包才刚刚过瘾呢，省下的邮费都够买半包肉脯啦！

在这个沟通案例中我们可以看到，这位客服在向买家推荐商品的时候，先根据客户的要求查看了他已经拍下的商品，一是为了帮助客户确认订单，二是为了了解客户的需求。客服在与买家沟通时，发现了买家的喜好与需求，解决了买家的疑惑和担心，站在买家的角度说出了利益。

这个沟通案例实际上用到了在线销售中很重要的一个技巧，就是"关联商品推荐"。从刚才这个案例中我们可以总结出，关联商品推荐的关键就是商品之间要有共性，这样才能更精准地为买家做出推荐。

（4）服务质检

结合服务质检提升客服销售转化率，也是一个非常有效的方式。服务质检这项工作，目前很多商家都存在比较大的误区，比如全盘查看聊天记录，或者因为聊天记录量比较大，选择用抽查的方式查看聊天记录。

从服务角度看，抽查聊天记录未尝不可。但如果从提升客服销售转化率的角度考虑，有一类客服的聊天记录是必须要逐条查看的，就是客服的询单流失明细。因为只有了解询单流失明细，下次客服遇到有同类问题的买家，才知道怎么去避免询单流失，而避免询单流失，反过来就意味着促进转化成交了。

5. 信息核实

为了确保在线客服在销售过程中全面、周到地为客户服务，在客户完成订单支付之后，在线客服需要对每一笔付款订单进行再次确认，核对相关信息，避免出现不必要的售后问题。

想一想：在线客服需要核对哪些信息？

在线客服需要核对的信息主要有：

① 有关商品的信息，包括颜色、型号、规格、大小等；

② 收件信息，包括收件地址、收件人及其电话号码等。

信息核实工作虽然比较简单，但容易被很多客服忽略，在服务中多一些耐心和细心，可以避免出现售后纠纷，提高客户好评率。

6. 礼貌告别

礼貌告别主要包括提醒签收注意事项、售后解决方式及感谢客户、礼貌告别等方面的内容，如图 3-13 所示。

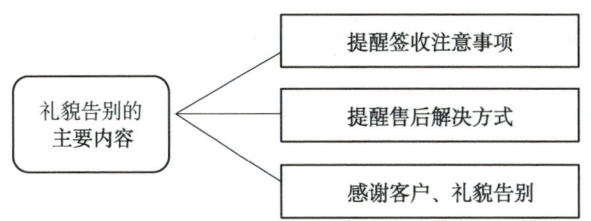

图 3-13 礼貌告别的主要内容

做一做： 编写两条告别信息。

（二）掌握沟通技巧

在网络交易中，客服仅通过图文向客户传递商品信息，最终促成交易。因此，客服沟通交流技巧的运用对促成订单至关重要。

如何用文字打动客户

1. 态度方面

（1）树立端正、积极的态度

无论遇到什么情况，都要积极主动地与客户进行沟通，尽快了解情况，不要回避、推托，不管最后的结果怎么样，至少让客户感受到他是被重视的。

（2）要有足够的耐心和热情

不少客户因为不了解商品或者个性的缘故会有很多问题，客服人员要有足够的耐心和热情，从而给客户留下良好的印象，建立信任。

（3）学会换位思考，多倾听客户的声音

让客户满意，就是能够"想客户所想"，处处站在客户的角度为客户考虑，让自己成为"买家助手"。在与客户沟通的过程中，不要断章取义，要给客户表达自己想法和意愿的时间，充分了解客户的需求后再有针对性地进行推荐。

2. 表情方面

在和客户沟通时，适当地使用表情可以降低文字沟通的枯燥程度，增强交流的乐趣，使整个沟通过程更加生动，也可以使自己能更完善地表达对客户的热情。但是，要正确地使用，不能随意使用负面的表情符号，以免给客户造成不满或困扰，让客户误会。

3. 礼貌方面

与线下沟通一样，线上沟通也需要注意与客户沟通的礼貌问题。一句"欢迎光临""谢谢惠顾"，虽然很简单，但会让客户很舒服，觉得非常亲切。哪怕拒绝客户，也要学会使用"不好意思""抱歉""给您添麻烦了"等礼貌的语言，谦和的语气能让人更容易接受，也能较顺利地与客户建立良好的沟通。

4. 语言规范方面

客服人员需要加强自身的"内功"修炼，规范地使用语言。同样的一件事，不同的表达方式会传递不同的意思，也会产生不同的结果，如表 3-4 所示。

表 3-4 规范语言的表达方式

序号	表达内容	正确的表达	错误的表达
1	称呼	"您"或"咱们"	"我""你们"
2	常用语	"请……" "欢迎光临" "认识您很高兴" "希望在这里您能找到满意的商品" "您好" "请问……" "麻烦您……" "不好意思" "非常抱歉" "我非常愿意为您效劳" "看看我能帮您做什么"	"有什么事吗" "现在没时间，等一下" "有什么就直接说吧，实在太忙……" "喜欢什么就直接付款吧" "我不会做" "我不负责这个，这不是我应该做的" "我想我做不了"

5. 方法方面

学会使用 FAB 法向客户推荐商品。

（1）F——Feature，就是属性（特点），即本店铺商品所包含的客观现实，以及所具有的属性。比如，讲台是木头做的，"木头做的"就是商品所包含的某项客观现实、属性。

如何用 FAB 法讲出客户最关心的点

（2）A——Advantage，就是作用（优势），即本店的商品能够给客户带来的用处。

（3）B——Benefit，就是利益（客户），即本店的商品能给客户带来的利益。

比如，我们可以用 FAB 法向客户推荐一款低脂牛奶，如图 3-14 所示。

图 3-14 用 FAB 法推荐低脂牛奶的具体方法

做一做： 用 FAB 法向客户推荐某店铺的商品。

 同步阅读 3-3

京东店铺客服规范用语分享

在京东平台开网店，客服是一个非常重要的岗位。如果客服的态度不好，消费者不会觉得这个客服不好，而会觉得这个店铺不行，这个品牌不好。下面为大家介绍京东店铺中关于客服的规则以及客服的规范用语。

京东店铺的客服不能说"亲""宝贝""淘宝"等字眼，超过一定时间不接待的还得扣钱，所以一定要加快打字速度。

1. 基本规范用语

（1）您好，欢迎您使用线上咨询服务，请问有什么可以帮助您的？

（2）您请讲。

（3）您好，请问您咨询的商品名称是什么或商品号是多少？

（4）对不起，麻烦您稍等片刻，好吗？

（5）对不起，请稍等。

（6）对不起，让您久等了！
（7）不知道您清楚我说的了吗？
（8）对不起，目前我们暂未开通这项业务/服务，请您原谅。
（9）很高兴为您服务，感谢您关注××品牌，再见！
（10）您可以浏览××界面查看详细信息，如果有疑问您可以随时联系我。
（11）很抱歉给您带来了不便。
（12）商城所售商品都是正品，商品出现问题有完善的售后服务做保障，请您放心购买。
（13）感谢您的咨询，祝您购物愉快！

2. 禁用语

（1）就这个时间开始上班。
（2）你问我，我问谁？
（3）你有没有搞错？
（4）你搞不清楚就不要搞了。
（5）用不起就不要用。
（6）刚才已经说过了吧，怎么还问啊？
（7）不知道（不清楚）。
（8）我也没办法。
（9）这不是我的错。
（10）随便你到哪里去投诉，就是打官司也可以，这是你的权利。
（11）我现在很忙。
（12）不行就是不行。
（13）这不是我说了算的。
（14）你自己看吧，我也不是很懂。
（15）我不是为你一个人服务的。
（16）这是规定。
（17）你用过这个牌子的商品吗？你懂不懂？
（18）这个问题你得去找京东客服。
（19）只要找京东客服，什么问题都能解决。

3. 常见问答

（1）售后服务类

Q1：京东商城的服饰鞋帽类商品退换货政策是什么？

A1：商品自售出之日（以实际收货日期为准）起7日内可退货，15日内可换货。商品质量有问题的可以退货；商品及包装保持出售时的原状且配件齐全，尺码不合适，包装完好不影响二次销售的也可以退货。

Q2：商品的退换货流程是什么？

A2：京东商城的退换货流程是：首先请您在京东商城上在线提交返修退换货申请；随后专业人员会对您的申请进行审核；如果申请成功，将通知您将附件、说明书、发票、购物凭证、包装、商品一并返回并办理退换货手续。服务人员会通过电话或者在返修单中留言告知您返回的方式，请您查看申请信息；京东售后服务部在收到您的商品并确认问题后，会尽快给出处理结果。

任务 2　提高付款转化率

如何正确进行催付提醒

一、订单催付的重要性

作为一名优秀的客服，除了接待客户，回答客户的疑问，还应该做到主动催付订单，促成订单的成交。

所谓催付，就是客户拍下商品后没有付款，客服了解原因后引导买家付款的行为。客服本身就是一门很有技巧的工作，在和客户的交谈过程中要熟知客户的购物心理，熟悉客户心理的细微变化。有效的催付对店铺的销售意义重大。

在淘宝常规交易中，当买家拍下商品后，如果在 24 小时内没有付款，订单就会被平台自动关闭，那就意味着卖家并没有卖出商品。

店铺的销售额与访客数、支付转化率和客单价有直接的关系，销售额=访客数×支付转化率×客单价，其中支付转化率=下单且支付的买家数/下单买家数。很明显，下单且支付的买家数越大，最终的支付转化率就越高。因此，有效的催付可以提高支付转化率，也可以提升店铺的销售额。

二、订单催付技巧

（一）分析原因

客服在催付之前，首先一定要明白客户最终未付款的原因是什么。未付款的原因可以看作买家遇到的问题，这些问题需要我们去思考。想让买家付款，我们就得把买家的问题解决了，这就是对症下药。如果一味地催买家付款，只会适得其反。因此，我们当前要做的事情就是去了解买家遇到的问题。

所有问题都需要在线客服在与买家的沟通中去获取，了解情况后再帮助买家解决问题。下面我们从客观和主观两个方面进行归类，去了解客户未付款的原因，如图 3-15、图 3-16 所示。

1. 客观原因

（1）余额不足

应对方法：了解买家方便充值的时间，提前再次催付，或者可以建议买家使用其他支付方式进行支付。

（2）操作不熟练

我们在接单过程中，难免会遇到一些新手买家，这些对购物流程不熟悉的买家在第一次支付时一般会遇到各种问题。应对方法：截图说明，直观简单地解决买家的问题。

（3）忘记支付密码

还有一些买家会忘记支付密码，并且不知道具体操作方法。应对方法：帮助买家了解找回密码的方法，主动热情，跟踪催付。

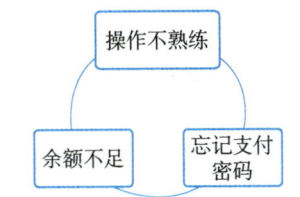

图 3-15　客户未付款的客观原因

2. 主观原因

（1）对商品存在疑虑

应对方法：提出买家利益，告知客户我们的优势，以及提供的相关服务保障。

（2）议价不成功

应对方法：了解客户心理预期，强调性价比，找到情感共鸣，给予优惠券、赠品满足客户心理。

（3）货比三家

应对方法：从商品本身以及服务出发去寻找差异化，为店铺商品加分，吸引客户在本店铺下单。

（4）服务未完善

应对方法：态度亲切，用语得体。

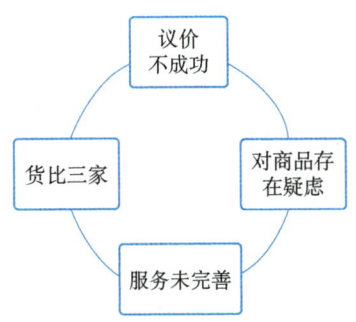

图 3-16　客户未付款的主观原因

（二）催付的步骤

1. 催付人选

最好由接单客服本人进行催付，电话催付时应尽量讲普通话，声音温婉亲切。

2. 催付时机

根据自己店铺所售商品情况，选择合适的时机。拍下 10 分钟还未付款的，可直接用聊天软件采用核对地址的方式进行隐性催付。

① 上午单，在当日 12 点前催付。
② 下午单，在当日 17 点前催付。
③ 傍晚单，在次日 10 点前催付。
④ 半夜单，在次日 10 点后催付。

3. 催付时间和频率

对于大单，不要用同一种方法重复催付，把握分寸，催付频率不可过高。

4. 结果备注

① 催付后应及时备注结果，包括是否付款、未付款原因以及大概什么时候付款。
② 对于大单，可进行二次催付。

【同步实训】

【实训目的】

通过本次实训，了解编写客服话术的基本要求，掌握编写客服话术的技巧，切实提升客服沟通能力。

【实训内容与步骤】

案例背景：A店铺是一家在天猫主营女款羽绒服的7年老店，拥有自主品牌，目标客户是中高端消费人群，羽绒服的平均售价是1500元，商品质量有保障，经过严格的质检，客户好评率高。

正常情况下店铺是不还价的，除非客户很"磨人"，一般可以便宜50元，但需要向客服主管申请批准。

羽绒服没有标"预售"的都是现货，发货也比较快，当天下午4点前的订单基本会当天发货，预售的则按预售时间发，星期日不发货。

店铺默认发顺丰快递，顺丰不到的地方发EMS航空件。正常情况下江浙沪皖1~3天到货，其他省份2~4天到货，偏远地区再晚1~2天。

今年店铺对羽绒服款式进行了重大调整，全部是新设计的新品，并且款式多样，同类型的有长款、短款羽绒服。

一、关于羽绒服的温馨提醒

① 新羽绒服针眼少量出绒属于正常现象，不属于质量问题，把羽绒处理掉即可（因为衣服走车线时会带出一点点羽绒）；

② 羽绒服经过快递包装挤压会变形，在通风处挂一天，衣服就会变得蓬松好看；带有皮草部分的羽绒服，刚收到时可能会有些浮毛或者断毛，可以用皮草刷先刷一遍，用手轻轻拍掉或用吹风机吹掉，以免沾到打底衣服上；

③ 羽绒服生产出来就被直接包装，加上密封运输，可能会有点气味，放通风处晒晒太阳即可。

二、尺码推荐一般看体重

XS码：90斤以下。
S码：90~102斤。
M码：102~113斤。
L码：113~124斤。
XL码：124~136斤。
XXL码：136~147斤。
XXXL码：147~158斤。

如果身高比较高，体重比较轻，考虑到衣长、肩宽、袖长，可以适当大一码。

根据上述案例背景，请完成以下话术的编写

① 客户：亲，在吗？

客服：

② 客户：亲，这款羽绒服是新品吗？

客服：

③ 客户：亲，身高175厘米，体重110斤穿什么码？

客服：

④ 客户：亲，你们是新店铺吗？

客服：

⑤ 客户：亲，这款羽绒服的价格有点高，质量怎么样？

客服：

⑥ 客户：亲，可以再便宜点吗？

客服：

⑦ 客户：亲，你们用的是什么快递？

客服：

⑧ 客户：亲，我已经拍了，什么时候可以发货啊？（客户拍的时间是下午4点30分）

客服：

⑨ 客户：亲，有同类型的短款羽绒服吗？

客服：

⑩ 客户：亲，我已经拍了，尽快发货哦！

客服：

⑪ 客户了解了商品的特点，并且也表示对商品很喜欢，但可能因为价格有点高一直没拍，有点犹豫，客服该如何促成交易？

客服：

⑫ 客户：亲，我收到衣服了，感觉皱巴巴的，衣服没有图片上有质感啊。

客服：

【项目小结】

客服在服务过程中，需要把握好每一个细节，问候迎接时要热情、礼貌，推荐商品时要细致、周到，客户遇到问题时要耐心、细心……每个看似简单的环节都是客服综合技能的运用。掌握销售技能并不是一件难事，但要成为一名金牌客服，需要用心为客户服务，想客户所想，全面提升客户的购物体验，让客户变成店铺的忠诚粉丝。

无论是对店铺，还是对在线客服本身，催付都有着重要的影响及作用。在催付的过程中，我们要学会分析和掌握客户未付款的原因。知道原因后，及时帮助客户解决问题。同时，我们要把握好催付的时间及频率，要注意语气，学会催付话术的编写方法。催付时永远要以客户为中心，让客户体会到我们的目的不是催付，而是帮助其解决问题。

【同步练习】

1. 单选题

（1）网络客服在处理价格异议的过程中，不能出现的话术是（　　）。

A. 售价是公司出台规定的，我们客服没有权利议价，希望理解哈

B. 这个是我们的最低价了，您爱买不买

C. 不好意思，公司一般在节假日搞促销活动才会有礼品哦

D. 我们很希望老客户多多光临我们店铺，碰到有活动，一般都有优惠哦

（2）如果客户购买的商品被快递弄丢了，然后客户提出疑问，正确的回复是（　　）。

A. 对不起，我不知道

B. 这是快递公司弄丢的，您去找快递公司

C. 您先打电话问问是什么原因，我们会协助您处理

D. 货物已经出仓库，公司不负责

（3）客户问客服："还有其他款式吗？"这时，客服应该（　　）。

A. 发送催付信息　　　　　　　B. 礼貌告别

C. 推荐关联商品　　　　　　　D. 适时提醒下单

（4）客户完成支付后，客服要确认的信息一般包括（　　）。

A. 收件地址　　　　　　　　　B. 客户 ID

C. 客户性别　　　　　　　　　D. 商品价格

（5）在淘宝后台，客户在哪里可以看到需要付款的订单？（　　）

A. 购物车　　　　　　　　　　B."待付款"部分

C. 收藏夹　　　　　　　　　　D. 淘宝首页

2. 简答题

（1）客服接待的流程是什么？

（2）简述客服的沟通技巧。

（3）客服为什么要与下单客户进行订单确认？

（4）催付的重要性体现在哪里？

3. 分析题

（1）请用 FAB 法编写一个商品的推荐话术。

（2）如何让客服人员成为商品专家？

项目四　完善售后服务

本项目重难点

- 了解售后服务的重要性；
- 掌握处理常规售后问题的方法；
- 明确产生售后纠纷的主要原因；
- 学会规避客户投诉；
- 掌握客户投诉的处理流程及沟通技巧。

思维导图

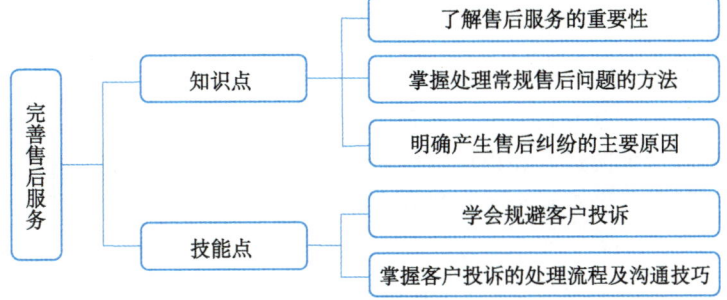

案例导入

　　某品牌天猫旗舰店在天猫平台销售各种数码产品，包括智能手机、平板电脑、无线耳机等。随着业务规模的扩大，售后服务成为客户关注的焦点之一。然而，之前的售后服务流程存在不足，客户投诉量不断增加，导致该品牌客户满意度下降及品牌声誉受损。店铺负责人针对存在的问题迅速优化其售后服务体系，并且制定了一系列售后服务改进方案，重点优化以下几个方面。

　　① 完善售后服务流程：重新设计售后服务流程，包括客户投诉渠道、服务反馈机制、问题解决流程等，以提高售后服务效率和客户满意度；强化售后服务人员的在岗培训，提高其解决问题和沟通的能力，确保每位客户都能得到及时、专业的帮助。

　　② 引入智能化技术：店铺引入智能客服系统，为客户提供24小时在线咨询，缩短客户等待时间，提高响应速度；利用大数据和人工智能技术对客户投诉的问题进行分析，及时发现关键点并进行改进。

　　③ 加强售后服务质量管理：建立售后服务质量评估体系，定期对售后服务质量进行评估

和考核，及时发现问题并采取纠正措施。鼓励客户对售后服务进行评价和反馈，建立客户满意度调查机制，持续改进服务质量。

④ 提供增值服务：推出延长保修期、免费换货等增值服务政策，增强客户黏性和忠诚度；提供技术支持、商品使用指导等专业服务，帮助客户更好地使用和维护所购买的商品。

【案例分析】

在客户进行售后咨询或投诉的过程中，客服人员处理得及时与否，成为客户能否留存的决定性因素。在大多数情况下，售后问题搁置的时间越长就越难处理。在面对各种突发情况和客户投诉时，客服人员需要迅速响应、灵活应变，通过自己的专业知识找到合适的解决方案，保证服务质量和客户满意度。

任务 1　了解售后服务

售后服务：打造客户忠诚的关键一环

一、售后服务的重要性

1. 增强客户满意度与忠诚度

商家通过为客户提供优质的售后服务，满足客户的需求和解决其遇到的问题，能够显著提升客户的满意度。良好的售后服务能够建立客户对品牌的信任，提高客户忠诚度，促使客户倾向于选择该品牌的商品并持续进行购买，从而增加客户的复购率和生命周期价值。

2. 提升品牌口碑与竞争力

优质的售后服务能够建立良好的品牌口碑，客户在社交媒体、论坛等平台上分享良好的购物体验，有利于品牌形象的提升和市场口碑的传播。通过树立良好的品牌形象，提升品牌的知名度和美誉度，能够使企业在激烈的市场竞争中脱颖而出，从而增强品牌的竞争力。

3. 减少客户投诉与降低退换货率

有效的售后服务能够及时解决客户的问题和投诉，减少客户的退换货行为，降低商家的售后成本和风险。商家通过为客户提供专业的售后支持和解决方案，能够增强客户对品牌的信任度，提高客户对品牌的满意度，从而降低客户的退换货率和投诉率，维护品牌形象和商家利益。

4. 掌握商品反馈信息

售后服务作为商家与客户沟通的信息纽带，可以为商家提供准确的商品反馈、市场及竞争对手等相关信息。客服在为客户提供服务的过程中，通过与客户的交流不仅可以第一时间掌握客户对商品的反馈，还可以了解客户对其他商品的使用情况，这些信息对于商家来说都是无比宝贵的资源。

二、常规售后的工作内容

1. 主动处理客户反馈信息

客户收到商品并不意味着服务的终止，售后客服人员应该主动跟进并处理客户的反馈信息，如收到的商品是否完整、商品功能是否正常、客户对商品是否满意、商品的外形是否需要改进等,跟进并处理客户的反馈信息是售后服务基础且关键的一环。

(1) 主动询问

售后客服人员应主动询问客户使用商品的情况,这不仅可以让客户感受到商家服务的专业性,还能让客户感受到自己被重视。即使存在一些小瑕疵、小问题,售后客服人员的主动询问和沟通也会减少客户的不满情绪。一般情况下,在客户收到商品的一个星期内,售后客服人员可以主动询问客户使用商品的情况。客服主动询问的参考话术如下。

您好!感谢您对××店铺的支持,您上次购买的××有损坏情况吗?有任何问题都可以告诉××(客服昵称)哦!

做一做:请为服装店铺编写客服询问话术。

(2) 及时反馈

售后客服人员在主动询问客户的过程中,需要及时收集客户反馈信息,便于商家根据客户的需求及时调整。以某品牌的多功能背包为例,客户反馈背包功能齐全,但使用体验并不尽如人意,主要问题包括背包结构设计不合理、部分功能难以操作、耐用性不强等。品牌商应根据客服人员收集的意见信息,对背包结构、布局及操作方式进行改造升级,使得各项功能更直观和易于操作,从而提高商品的品质和销量。售后客服人员可以用表格记录客户的意见和建议(如表 4-1 所示),及时进行整理并反馈给内部相关部门。

表 4-1 客户反馈登记表

客户 ID	购买时间	购买商品	使用情况	改进建议

2. 处理常规售后问题

常规售后服务工作主要是对商品售出后出现的问题进行处理的过程。常规的售后服务工作是每个店铺都不能忽略的环节,如果售后服务不处理好,就会引发很多后续问题,而如果售后服务处理得好,不仅可以赢得客户的信任,还能为店铺带来回头客。

(1) 查单、查件

在商品发货后,客户经常会向售后客服人员询问与物流相关的问题,常见的有查单、查件,比如未发货,一直未收到货,少发、错发等情况。售后客服人员应当耐心倾听、快速反应,并有针对性地采取合适的方法帮助客户解决问题。

① 未发货状态。如果客户咨询为什么商品是未发货状态,售后客服人员首先要查看是否在约定发货时间内。一般情况下,若未明确约定发货时间,应在 48 小时或 72 小时内发货,不同的平台有不同的规定。若在约定的时间内,要耐心地跟客户解释清楚。若已经超过约定的发货时间,应快速了解未发货的具体原因。如果缺货,应立即向客户道歉,并了解客户的需求。如果客户愿意等,可以帮客户申请小礼品作为补偿,并告诉客户具体发货时间。如果客户不愿意等,可以引导客户换货,若客户不喜欢其他款式,应及时帮助客户办理退款并真诚道歉。

② 已发货,客户未收到。商家无法控制物流运输环节,发货后难免会出现运输速度慢、派件难、丢件等情况,导致客户一直未收到货。面对"已发货但客户未收到货"这类问题的咨询,售后客服人员首先要查看物流信息是否正常,若信息显示正常,应跟客户解释,让客户耐心等待。若物流信息显示不正常,应根据具体的问题给出具体的解决办法。

● 超区：快递超区指的是客户的收件地址是快递公司不派送的区域。如果客户愿意自取，应提醒客户自取，然后备注"下次注意"；如果客户不愿意自取，则联系快递公司转到其他站点，或者退回仓库重新发。

● 丢件：如果经核实快递确实丢失，商家应第一时间帮助客户补发，并告知客户单号，及时跟踪回访，之后再根据记录与快递公司核实赔偿。

● 疑难件：快递在派送过程中，地址错误或联系不到客户时，快递没有办法被派送至客户手中，客户长时间收不到快递或者查看物流状态时发现信息显示为疑难件，便会咨询售后客服人员。在这种情况下，售后客服人员要注意及时收集客户的最新信息，比如手机号码、收件地址以及可签收快递的时间等，并及时反馈给快递公司，督促其根据最新信息派件。

● 因不可抗力因素无法派送：地震、洪水或暴雪等都属于不可抗力因素。当出现不可抗力因素导致不能及时派送时，售后客服人员首先要密切关注事态发展，及时和客户联系说明原因，并把最新的动态告知客户。如果确实是店铺暂时不能解决的问题，售后客服人员应努力寻求客户的谅解，并给出合适的补偿方案。

（2）退换货

正常退货、换货是指客户在收到商品后，由于商品质量问题、发错货、七天无理由退换货等，要求退换商品。客服人员要清楚在什么样的条件下可以退换货，往返运输费用由谁来承担。

① 七天无理由退换货：如果客户申请七天无理由退换货，售后客服人员应尽量跟客户协商挽回，如果不能挽回，按照正常的退换货流程，让客户退回来，收到货物检查无误后，按照流程给客户及时退款或换货。

② 商品破损：当客户因商品破损申请退换货时，售后客服人员应马上核实并安抚客户，第一时间为客户补发，后期根据登记记录向快递公司核实索赔。

③ 商品质量问题：售后客服人员应对客户描述的情况进行核实，核实确认后，如果客户愿意接受补偿，对客户做出适当的补偿；如果客户不愿意接受补偿，按照正常的退换货流程执行。

想一想：客户买了十双袜子，可客户收到袜子后发现少了一只，售后客服人员该如何处理？

（3）退款

① 商品破损、少件。处理办法：要求客户提供实物照片确认商品情况；向快递公司核实包裹签收人；如果非本人签收且没有客户授权，建议售后客服人员直接给客户退款，并向快递公司索赔，避免与客户发生纠纷。

后续跟进措施：发货前应严格检查商品质量；选择服务品质好、操作流程规范的快递公司；提前与快递公司约定，送货过程中商品破损、丢件等造成的损失由谁负责。

② 商品质量问题。处理办法：要求客户提供实物照片，确认问题是否属实；核实进货及发货时商品质量是否合格；如果确认商品质量有问题或无法说明商品质量是否合格，可直接与客户协商解决，如退货退款。

后续跟进措施：重新选择优质的进货渠道；进货后保留好相关的进货凭证；发货前进行严格检查，确认内外包装完好无损。

③ 与描述不符。处理办法：核实商品详情页中的描述是否有歧义或者是否存在容易让客户误解的信息；核实是否发错商品；如果描述有误或者发错商品，售后客服人员可以与客户协

商解决，如换货、退货退款等，避免与客户发生冲突。

后续跟进措施：确保商品描述通俗易懂，不易产生歧义；确保发出的每一件商品都与客户购买的商品一致。

④ 假货问题。处理办法：核实供应商是否具备相应资质；若无法确认供应商是否具备资质，可直接与客户协商。

后续跟进措施：选择有品牌经营权的供应商；进货后保留好相关的进货凭证或商品授权书。

⑤ 退运费。处理办法：核实发货单上填写的运费是否少于客户支付的运费；如果少于客户支付的运费，将超出金额退还给客户。

后续跟进措施：及时更新运费支付规则，如果有特殊情况，应及时通知客户。

（4）售后维修问题

如果客户所购买的商品在保修期内，售后服务人员应该为客户及时提供售后维修服务。对于售后服务而言，一般会涉及以下几方面的问题。

① 关于维修站点。若涉及的相关商品是全国联保商品并且在多地都有维修点，售后客服人员要给客户提供全面的技术服务支持，使其便捷快速地获取相关信息。

② 关于维修时长。维修时长与商品具体问题有很大的关联，售后客服人员需要及时跟进商品维修进度，及时告知客户，并做好相关解释工作。

③ 关于维修后的相关事宜。维修后要与客户确认寄回地址及收货人，寄出后需要告知客户物流单号并做好跟踪。若维修后仍出现问题，需要与客户确认是老问题没有处理好，还是出现了新问题，然后再根据相关规定进行处理。

想一想：如何将客户的退货退款申请转化为换货申请？

3. 评价管理

评价管理指的是客户在商家店铺下单至交易完成后对商品、物流、商家、客服等进行评价，客服针对好评、中评、差评进行回复及管理的行为。现有的电商平台都会把客户评价捆绑到店铺的搜索排名上，而且将其作为店铺参加平台促销活动的重要条件。因此，做好评价管理，维护客户的负面评价，会直接影响店铺的整体转化率。

差评来了，怎么办——客服应对差评的正确"姿势"

（1）好评处理

在商家提供优质商品、贴心服务后，客户一般会给好评。对于好评，客服人员也要做回评。一个合适的回评，可以帮助店铺提高销售转化率，也是店铺扩大品牌宣传、树立良好形象的重要渠道（如图4-1所示）。

（2）中评、差评处理

当客户对商品的质量、物流、服务等方面表示不满意时，就很有可能给店铺中评或差评。在这种情况下，售后客服人员应该积极地分析客户不满意的原因，真诚道歉，并尝试给予补偿，让客户修改中差评。评价在修改或删除后即时生效，中评或差评只能修改为好评或删除，且只有一次机会。

想一想：为什么要处理中差评？

① 中差评产生原因。

● 商品原因：客户在收到商品后经过使用，可能会因为商品的质量、使用体验不好，或者商品外观低于自己的预期，而进行负面评价。

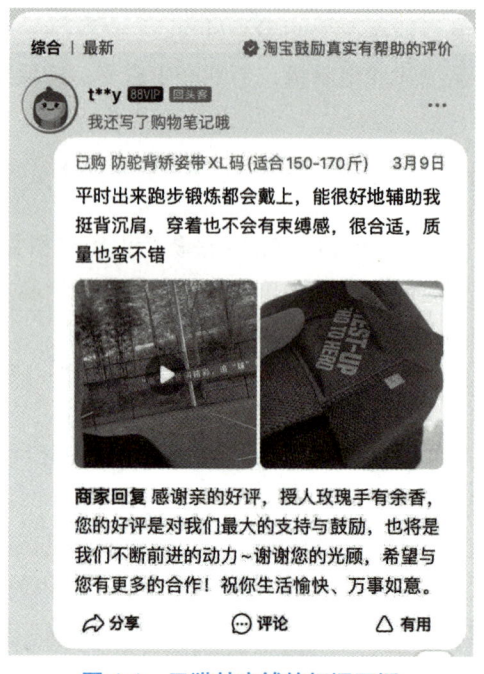

图 4-1 天猫某店铺的好评回评

- 服务原因：客户在下单、收货、确认收货等服务链路中，对商家的服务不满意并进行负面评价。
- 价格原因：客户购买前与购买后的价格变动很大，导致客户进行负面评价。
- 物流原因：客户因为物流速度慢、丢件、商品破损等产生负面评价。

② 中差评处理方法。

在处理中差评的过程中，售后客服人员应该注意时效，尽量在中差评产生的第一时间联系客户，如果在事后进行联系，则要选择合适的时间联系客户，如下班后、周末等。针对中差评，在沟通时可以优先选择电话联系，这样沟通更快捷直接，比较容易达到理想的处理效果。最后，在沟通过程中要向客户真诚道歉，尽量帮助客户解决出现的问题。在跟客户的沟通过程中要判断客户是否会更改评价，就算客户拒绝修改评价也要礼貌地结束沟通。对于无法更改的中差评，客服要做好评价解释工作，解释问题出现的原因并真诚道歉，表现出对每一位客户的重视和尊重。

（3）恶意评价处理

恶意评价是指客户和同行竞争者等以给中评、差评方式谋取钱财或其他不当利益的行为。以天猫、淘宝为例，恶意评价的受理范围如下。

① 不合理的要求：通过双方聊天记录举证，证明评价者以给中评、差评要挟为前提，利用中评、差评谋取钱财或其他不当利益。

② 客户胁迫：专业给中评、差评，且通过中评、差评获取额外钱财或不当利益。

③ 同行的恶意评价：与同行交易后得到中评、差评。

④ 第三方诈骗：因第三方诈骗行为产生的评价。

⑤ 泄露信息、辱骂或打广告：评价者擅自将别人的信息公布在评价中，或出现辱骂、污言秽语等破坏社会文明风貌的行为。

对恶意评价发起投诉的条件如下。

① 必须为双方互评的订单；
② 受理的时间范围为评价产生后 30 天内。

如果符合以上条件，售后客服人员就可以发起恶意评价投诉来维护店铺的利益。投诉成立后，对应的中评、差评会被删除。

任务 2　处理客户纠纷与投诉

客户纠纷是指在商品或服务交易中，客户和服务提供者之间发生的争议或矛盾。客户投诉是指客户向商品或服务提供者反映对商品或服务不满意的情况。不管是纠纷还是投诉，都有可能涉及商品或服务的质量、价格、交付时间、合同条款等方面。对于售后客服人员来说，一旦与客户发生纠纷或收到投诉，处理起来会比较麻烦。因此，售后客服人员需要详细了解产生纠纷和投诉的原因，学会规避纠纷和投诉。

一、产生纠纷的原因

根据实践经验，产生纠纷的原因主要集中于商品、物流、价格、服务等方面，如图 4-2 所示，具体如下。

客户纠纷有哪些"雷区"

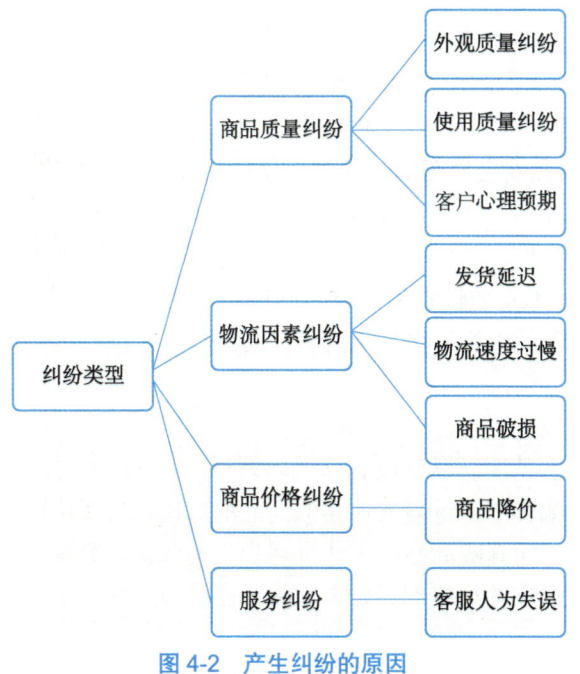

图 4-2　产生纠纷的原因

1. 商品质量纠纷

商品质量纠纷是指客户因不满商品的品质、外观、尺寸、使用方法等导致的纠纷。一般商品质量纠纷分为外观质量纠纷、使用质量纠纷、客户心理预期三个方面。

（1）外观质量纠纷

① 商品做工问题。商品的做工问题存在于各类商品中，如商品边缘坑坑洼洼、商品上色不均匀、服装类商品缝线不平整等。

② 商品局部瑕疵。商品局部瑕疵指的是商品外观出现小面积划痕、褪色、污迹等，但并不影响商品的正常使用，如书籍上的污渍等。

③ 商品外观偏差。商品外观的偏差指的是商品详情图与实物不符，如商品色差、商品尺寸差异等。网上很多幽默买家秀都是商品外观偏差造成的（如图 4-3 所示）。

图 4-3　卖家秀和买家秀

（2）使用质量纠纷

商品的使用质量纠纷是因为商品在使用的过程中出现了问题，具体包括商品不耐用、不安全、没有功效等。

① 商品耐用性。商品的耐用性是商品质量最重要的一点，当商品的使用寿命远远低于该类商品的平均使用寿命时，商品的耐用性就出了问题。

② 商品安全性。商品安全性指的是商品在使用的过程中，对人身安全、健康、环境以及商品本身可能带来危害，如手机在充电过程中过烫、食品即将到期，这些都有可能为人身安全或健康带来危害。

③ 商品功效性。商品功效性指的是商品的性能在使用过程中未能发生作用，如保温杯并不保温、防晒霜并不防晒。当客户在使用之后，发现商品并没有达到预期效果，那么就很有可能发生纠纷。

（3）客户心理预期

当商品的外观质量和使用质量都没有出现问题时，客户依然可能会因为对商品的心理预期产生商品质量的纠纷，如客户通过与其他相似商品的对比，从而认定该商品有质量问题，或客户对该商品的预期太高，而真实商品并未达到客户心理预期，给客户造成了心理落差。这两种情况都是客户心理预期带来的质量纠纷，客服需要在引导过程中适度地降低客户心理预期，避免质量纠纷的发生。

2. 物流因素纠纷

订单完成付款后，商品就进入了物流环节，在客户等待商品的过程中发生的纠纷统称为物流因素纠纷，通常包括发货延迟、物流速度过慢、商品破损。

① 发货延迟。发货延迟是指店铺在客户拍下商品后未能按约定时间发货，一般出现这种纠纷有两种原因：第一种原因是库存问题，商品断货、缺货导致发货延迟；第二种原因是售后

遗漏问题，可能在店铺单量增多的情况下导致漏发。

② 物流速度过慢。物流速度也是引起纠纷的一大原因，很多客户购买商品是有时效要求的，比如买给家人的生日礼物因为物流的原因没有在生日之前寄到，那么就很有可能会引起客户的投诉。

③ 商品破损。商品在邮寄的过程中，避免不了磕磕碰碰，如果商品包装得不好，那么可能导致商品破损。当客户终于收到期待的商品时，却发现商品是破损的，就会导致纠纷。

3. 商品价格纠纷

商品价格的变动也会带来纠纷，当客户刚购买完某种商品就突然降价，并且降价幅度还很大时，客户就会有被欺骗感，从而导致纠纷。所以，客服应该在客户咨询时提前告知客户即将有打折优惠活动，让客户选择在活动期间进行购买，以避免纠纷。

4. 服务纠纷

客服的人为失误造成的纠纷统称为服务纠纷，如客服在服务过程中给客户提供了错误的建议、信息或不能完成的承诺等。客户在购买过程中，因对商品不了解，所以相信客服能以专业的眼光帮助自己挑选适合的商品，但有些客服为了个人利益只给客户推荐昂贵的商品，当客户收到商品时发现并不适合自己，就会引起服务纠纷。

二、如何规避投诉

1. 避免客户投诉的方法

作为网店客服，除了认真地对待每一位客户，耐心处理每一个投诉纠纷，最重要就是尽量避免任何可能发生的客户投诉。为避免投诉，通常有以下几种做法。

（1）及时回复

网店客服要尽快回复客户的信息，不要让客户等待太久，以免引起不满。在客户拍下商品后，要与客户核对订单信息，查看客户是否有特殊要求，如果不能满足客户要求，则需与客户进行沟通。若商品不能按时发货，客服需联系客户告知情况，与客户协商是否愿意继续等待或申请退款。若遇到"双十一"、节假日等物流压力较大的时候，需要提醒客户物流速度可能较慢，希望客户耐心等待。

（2）友好礼貌

客服在与客户沟通时要保持友好、礼貌的态度，尽量满足客户的要求。避免出现不耐烦或不友善的回复，以免引起客户的不满和投诉。

（3）专业解答

客服要对客户的问题进行专业、准确的解答，提供有效的解决方案。如果遇到不清楚或不确定的问题，可以适时向相关部门或领导进行咨询，确保给客户提供的信息准确可靠。客服要客观、详细、准确地向客户介绍商品，以免片面的信息给客户造成误解，带来不必要的投诉。

（4）耐心倾听

在与客户沟通时，客服要认真倾听客户的意见、建议和不满，并尊重客户的感受。不要随意打断客户的发言，要让客户感受到被重视和被理解。不要轻易承诺，一旦承诺无法实现，很容易引起客户的投诉。

投诉没来，是因为你做对了这几点

2. 客户投诉处理流程

（1）快速响应

快速响应可以有效地缓解客户的不满情绪，也能表明店铺对客户的关注和重视，更容易使客户与店铺建立信任和良好的关系。客户感受到被尊重和被重视，才会更愿意与店铺进行沟通和协商。往往只有客户出现难以解决的问题时，他们才会咨询售后客服。如果客服反应迟缓，客户就会感到自己不被重视，认为店铺不负责任，很有可能导致更严重的纠纷。

（2）热情接待

面对客户投诉，客服热情接待是非常重要的。热情接待可以缓解客户的不满情绪，增强客户对店铺的信任，并为解决问题奠定良好的基础。如果售后客服不耐烦，容易加剧投诉纠纷。在这个过程中，售后客服人员要保持专业，不要与客户产生过多的私人交流或情感纠葛，以专业的态度解决问题，确保问题得到妥善处理。

（3）耐心倾听

客户在投诉时可能出现情绪激动或语言激烈的情况，客服人员要保持镇定和耐心，不要被客户的情绪左右，用冷静和理性的态度寻求解决方案。客服人员在倾听客户投诉时，应该避免打断客户的发言。即使客户的发言有时会冗长或重复，客服人员也应该耐心等待客户讲完，以免给客户造成不适或不满。同时应当使用肯定性回复，如"明白了""谢谢您的反馈"等，来表达对客户的尊重和理解。除了听取客户直接表达的投诉内容，客服人员还应该倾听客户间接传达的信息。有时客户可能会在言外之意中表达出更深层次的需求或不满，客服人员需要敏锐地捕捉这些信息。

（4）认同、肯定

客服人员应该通过言语和表情表达对客户的理解和同情。可以使用"我理解您的感受""我完全明白您的担忧"等措辞来表达对客户的理解。这样可以让客户感受到自己的情绪得到了认可，从而增强对客服人员的信任。同时感谢客户提出的意见建议，并表示对客户反馈的重视和关注。可以说"感谢您的反馈，这对我们来说非常重要"，以表达对客户的认同和肯定。

（5）安抚、解释

在客户发泄完不良情绪之后，客服要对客户进行适当的安抚与解释，尽量与客户站在同一角度看待问题，让客户感觉到你在帮他处理问题。客服人员可以采取一些安抚性的措施，帮助客户平复情绪，如"请您放心，我们会尽快处理您的问题""我们会尽最大努力帮助您解决问题"的表达方式。同时，对问题做出适当的解释，这里的解释并不是推脱责任或找借口，而是站在客观的角度，解释问题发生的原因。解释时应该简洁明了，避免使用过于复杂的语言，以免引起客户的困惑或不满。

（6）诚恳道歉

在回应客户投诉时，要直接、诚恳地表达歉意，对未能给客户带来良好的购物体验感到抱歉，确保客户清楚地知道店铺对他反馈问题的认可。可以使用诸如"我向您道歉""我们对此感到抱歉"等措辞。只有认识到自己的不足，才能让客户感受到真诚，也更有利于处理好问题。

（7）提出补救措施

提出补救措施是解决纠纷的关键，一个及时有效的补救措施，往往能让客户的不满转化为感谢和满意。首先，客服应该弄清纠纷的责任方，寻找利益的平衡点，针对不同的问题提出不同的解决方案。其次，客服提出补救措施时，需要提供多个方案供客户选择，让客户感受到被尊重以及掌握主动权。最后，在解决问题之后，可以适当地给客户额外的补偿。

（8）跟踪反馈

在双方确认补救措施后，客服应该将处理过程的每一步及时告知客户，让客户了解处理进度，同时也使客户能够认同自己的工作。纠纷问题解决后，还要询问客户对此次纠纷解决是否满意。

想一想：处理客户投诉时，你觉得处理的重点和难点分别是什么？

3. 售后沟通技巧

售后客服人员处理客户纠纷时，需要运用合理的售后沟通技巧，将带有怨气或者投诉意向的客户转化为品牌的忠实客户。

什么才是解决问题的"必杀技"

（1）信任

当客户遇到问题进行咨询时，会带有一定的情绪，建立信任是售后客服人员处理问题的前提和基础。建立信任的关键是要学会共情，也就是要有同理心。客服需要站在客户的角度思考问题，尊重客户、认同客户，保护客户隐私，耐心倾听和理解客户提出的问题，及时回应并遵守承诺，做到这些信任就会随之而来。

（2）理解

在售后沟通中准确理解客户的诉求至关重要。客服人员应该充分倾听客户的问题和需求，不急于打断或预设解决方案，确保完全理解客户的问题。同时可以运用提问技巧，通过有针对性的问题深入挖掘客户的需求，确保理解得全面和准确。客服人员还可以运用回访确认的方式，及时向客户反馈理解的内容，询问客户是否正确，以确保双方对问题的理解一致。最后，客服人员需要注重细节，对客户提出的每一个问题或需求进行仔细的分析和归纳，以确保理解的准确性和全面性，为客户提供更精准的解决方案。

（3）承诺

售后客服人员做好承诺是提高客户满意度的重要一环。客服人员应该仔细聆听客户的需求和问题，并在确保能够满足客户需求的情况下，做出明确的承诺。承诺应该具体、明确，避免模糊不清或含糊其词的表达，以便让客户清晰地了解承诺的内容和范围。同时，客服人员应该履行承诺，不仅要做到言出必行，还要主动跟进和执行，确保承诺得到兑现。

📜 同步阅读

售后服务哪家强？《三大零售电商售后服务评测报告》发布

如今各大电商平台如淘宝、京东、拼多多已经融入人们的消费日常，消费者在享受快捷购物的同时，也体验着各个平台的售后服务。从价格战、补贴战、直播战、物流战，再到"服务战"，各大平台的比拼越来越"卷"了。

2023年4月6日，拼多多百亿补贴正式启动了"数码家电消费季"，首季将在百亿补贴的基础上再次投入10亿"真金白银"，对手机、平板电脑、冰箱、空调等数码家电全品类进行额外补贴，为消费者提供"天天都是618"的购物体验，持续助力制造业消费回暖。

另外，电商平台在发货方面也频频加码。2023年4月7日，京东发布公告，宣布对承诺时效功能升级，这也意味着从2023年4月开始，下单后2天内发货将成为京东平台的普遍规则。入驻京东的商家，将保证48小时内发货。

除了京东，天猫超市联手菜鸟集团，率先在杭州启动"半日达"服务。每天中午12点前确认的订单将在当天晚上9点前送达；每天晚上12点前的订单则会在次日中午12点前送达。

2022年12月31日，快手电商发布关于明确闪电购商品发货时效的补充通知。根据《快手小店发货管理规则》的规定：商户未设置发货时间的，默认发货时间为48小时内。

由此可见，电商在经历多年的竞争与迭代后，愈发注重"商品+服务"的一体化模式。如何提升服务体验，已经成了经济增长与结构升级的新方向。"商品+服务"一体化是大势所趋，各家都在开拓新的"潜在服务需求"，服务将成为电商竞争力的重要组成部分。

通过评测和对比，我们不难得出以下结论。

① 从包邮政策、退换货政策上来看，淘宝、拼多多靠前；
② 从质保服务、支付方式上来看，京东、拼多多靠前；
③ 在价保服务、物流时效、平台主动介入这3个维度上，拼多多均是第一；
④ 在退款时效方面，淘宝第一，京东次之，拼多多排最后。

【同步实训】

【实训目的】
- 了解售后服务的重要性。
- 掌握避免产生纠纷的方法和技巧。

【实训内容与步骤】
针对客户提出的下列问题，客服该如何回复才可以避免纠纷的发生？

问题一：亲，这个商品的质量怎么样啊？

问题二：亲，我身高180厘米，体重130斤左右，这件衣服应该穿多大的啊？

问题三：亲，我在杭州城西，为什么包裹被送到杭州萧山去了，是不是你把地址弄错了？我等着用呢……

【项目小结】

优质的售后服务是提高网店客户满意度的有效举措，能防止客户流失，带给客户良好的购物体验，最终促使其成为店铺的忠诚粉丝。本项目从常规售后、纠纷售后等问题出发全面分析网店售后服务，帮助售后客服人员掌握售后的处理方法，学会规避客户投诉，用积极的态度快速处理客户纠纷，降低店铺的损失，使客户感受到店铺的用心和重视。

【同步测试】

1. 单选题

（1）做好售后服务的意义是（　　）。

A. 有利于建立买卖双方良好的关系　　B. 提升品牌形象
C. 提升企业竞争力　　D. 找到优质客户

（2）商品质量纠纷不包括（　　）。

A. 外观质量纠纷　　B. 使用质量纠纷
C. 客户心理预期　　D. 物流因素纠纷

（3）以下纠纷处理注意事项中错误的是（　　）。

A. 认真倾听　　B. 认同客户感受
C. 避免电话沟通　　D. 提出补救措施

（4）纠纷类型不包括（　　）。

A. 商品质量纠纷　　B. 使用质量纠纷
C. 物流因素纠纷　　D. 商品价格纠纷

2. 判断题

（1）好的售后服务是锦上添花，大型店铺可以考虑提升售后服务质量，小型店铺可以暂时忽略，做好售前服务即可。（　　）

（2）客户完成付款到使用商品的过程中，卖家所提供的各种服务活动称为售后服务。（　　）

（3）客户投诉是无法避免的。（　　）

（4）在处理完客户投诉后要尽量避免与客户再次沟通，以免节外生枝。（　　）

3. 简答题

（1）什么是售后服务？

（2）中差评的处理方法是什么？

（3）如果客户拒绝修改中差评，客服应该怎么做？

项目五　管理客户关系

本项目重难点

- 学会对客户相关信息的收集、整理、分析方法；
- 掌握客户关怀的方式及技巧；
- 学会搭建店铺营销互动平台；
- 理解客户忠诚度的含义及影响因素；
- 掌握各类平台的互动技巧。

思维导图

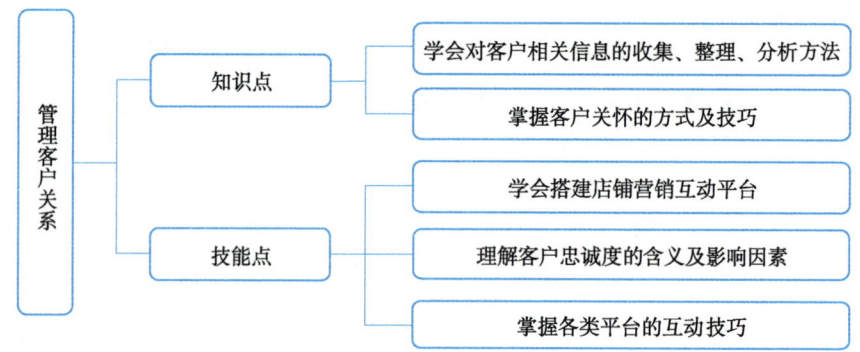

案例导入

于先生因公经常出差去泰国，并下榻在东方饭店，第一次入住时良好的饭店环境和服务给他留下了深刻的印象，当他第二次入住时，几个细节更使他对饭店的好感迅速升级。

那天早上，在他走出房门准备去餐厅的时候，楼层服务生恭敬地问道："于先生是要用早餐吗？"于先生很奇怪，反问："你怎么知道我姓于？"服务生说："我们饭店规定，晚上要背熟所有客人的姓名。"这令于先生大吃一惊，因为他频繁往返于世界各地，入住过无数高级酒店，但这种情况还是第一次碰到。

于先生高兴地乘电梯来到餐厅所在的楼层，刚刚走出电梯，餐厅的服务生就说："于先生，里面请。"于先生更疑惑了，因为服务生并没有看到他的房卡，就问："你知道我姓于？"服务生答："上面的电话刚刚下来，说您已经下楼了。"如此高的效率让于先生再次大吃一惊。

于先生刚走进餐厅，服务生微笑着问："于先生还要老位子吗？"于先生的惊讶再次升级，心想:"尽管我不是第一次在这里吃饭,但最近的一次也有一年多了,难道这里的服务生记忆力那么好?"看到于先生惊讶的目光,服务生主动解释说:"我刚刚查过电脑记录,您在去年的6月8日在靠近第二个窗口的位子上用过早餐。"于先生听后兴奋地说:"老位子!老位子!"服务生接着问:"老菜单?一个三明治,一杯咖啡,一个鸡蛋?"现在于先生已经不再惊讶了,"老菜单,就要老菜单!"于先生已经兴奋到了极点。

上餐时餐厅赠送了于先生一碟小菜,由于于先生第一次看到这种小菜,就问:"这是什么?"服务生后退两步说:"这是我们特有的小菜。"服务生为什么要先后退两步呢?他是怕自己说话时口水不小心落在客人的食物上,这次早餐给于先生留下了终生难忘的印象。

【案例分析】

客户关系管理是一种战略管理,商家通过收集客户信息,建立客户数据库,并在深入分析客户信息的基础上,在商家和客户之间建立一个有效的渠道,加强与客户之间的互动,从而提高客户的满意度和忠诚度,实现客户价值的最大化。现在客户关系管理的观念已经被普遍接受,而且相当一部分企业已经建立起了自己的客户关系管理系统,但真正能做到东方饭店这样的并不多见。

任务 1 建立客户数据库

店铺在不断成长的过程中,会逐渐积累起相对稳定的客户群体,这一群体将是店铺发展的核心因素。因此,分析好、维护好属于自己的"自留地"显得非常重要,建立客户数据库,就是一个有效的方式。店铺通过建立客户数据库,在处理和分析的基础上,可以研究客户购买商品的倾向性,当然也可以发现现有商品的客户群体,从而有针对性地向客户提出各种建议,并更有效地说服客户接受店铺销售的商品。

一、收集客户信息

客户信息是指客户喜好、客户细分、客户需求、客户联系方式等一些关于客户的基本资料。客户信息主要分为描述类信息、行为类信息和关联类信息三种类型。

客户数据该怎么管

1. 描述类信息

描述类信息主要是用来了解客户基本属性的信息,如客户的联系信息、地理信息和人口统计信息,以及企业客户的社会经济统计信息等,这类信息主要来自客户的登记信息,以及通过企业的运营管理系统收集到的客户基本信息。

描述类信息的内容大多是描述客户基本属性的静态数据,其优点是大多数信息比较容易被采集到。但是一些基本的客户描述类信息内容有时缺乏差异性,而其中的一些信息往往涉及客户的隐私,如客户的住所、联系方式、收入等信息。

对于客户描述类信息最主要的评价要素就是数据采集的准确性。在实际情况中,经常有一些企业知道为多少客户提供了服务,以及客户购买了什么,但是往往到了需要主动联络客户的时候,才发现缺乏能够描述客户特征的信息和与客户建立联系的方式,或这些联系方式已经失效了,这都是因为企业没有很好地规划和有意识地采集与维护这些客户描述类信息。

2. 行为类信息

客户的行为类信息一般包括客户购买服务或商品的记录、客户与企业的联络记录，以及客户的消费行为、客户偏好和生活方式等信息。与描述类信息不同，客户的行为类信息主要是客户在消费或接受服务过程中的动态交易数据和交易过程中的辅助信息，需要实时记录和采集。但是需要认识到的是，客户的行为类信息并不完全等同于客户的交易和消费记录。客户的行为特征往往需要对客户的交易记录和其他行为数据进行必要的处理和分析才能得到。

客户行为类信息的主要作用是帮助企业的市场营销人员和客户服务人员在对客户信息的分析中掌握和理解客户的行为。客户的行为类信息反映了客户的消费选择或决策过程。

行为类信息一般来源于企业内部交易系统的交易记录、企业售后服务记录、营销活动中采集的客户响应数据。有时企业从外部采集的客户数据也会包括大量的客户行为类信息。

3. 关联类信息

客户的关联类信息是指与客户行为相关的，能反映和影响客户行为和心理等因素的信息。企业建立和维护这类信息的主要目的是更有效地帮助企业的营销人员和客户分析人员深入理解影响客户行为的相关因素。

客户关联类信息包括客户满意度、客户忠诚度、客户对商品与服务的偏好或态度、竞争对手行为等。

这些关联类信息有时可以通过专门的数据调研和采集获得，如市场营销调研、客户研究等；有时也需要应用复杂的客户关联分析工具来获得，如客户忠诚度、客户流失倾向、客户终身价值等。客户关联类信息是客户分析的核心目标。

二、分析客户数据

1. 客户购物路径

客户数据那么多，我们该怎么看

我们可以通过客户进入店铺的路径，从不同的路径了解客户的偏好及购物习惯，并根据其不同的特点有针对性地进行服务，实施精准营销。

（1）搜索

通过搜索路径进入店铺的客户（如图 5-1 所示），购物目标明确，基于自身的需求通过搜索获取信息，因此，这类客户比较容易成交。

而在后期的关系维护中，我们要根据自己店铺商品的特点及客户使用商品的周期，有针对性地进行促销信息的推送。比如店铺经营的是护肤品，客户购买的是洗面奶，我们可以根据客户使用洗面奶的频率及洗面奶的使用量，有针对性地发送活动促销信息，这样互动的效率比较高，也容易让客户继续购买。

（2）活动

通过活动进入店铺的客户（如图 5-2 所示），大部分是因为被优惠活动吸引，相当一部分客户本身并没有购买需求，所以客户往往记住了商品，并没有记住具体在哪个店铺看到过。因此，对于通过这个路径进入店铺的客户，我们要想办法让客户记住我们的店铺和品牌。

（3）购物车

通过购物车进入店铺的客户（如图 5-3 所示），购物需求明确，在通过搜索对比之后往往会将自己喜欢的商品放到购物车中，但一直没有下单，一方面可能是因为商品的价格没有让客户满意，客户希望等商品降价或有促销活动时再购买；另一方面可能是因为该商品对客户来说还不是必需品，或还没有到特别喜欢的状态，以至于迟迟没有下单。当客户通过这个路径来进行询单时，如果客服能够及时地将促销信息告知客户，或向客户发放优惠券，成交的可能性会大大提高。

图 5-1　搜索路径

图 5-2　活动路径

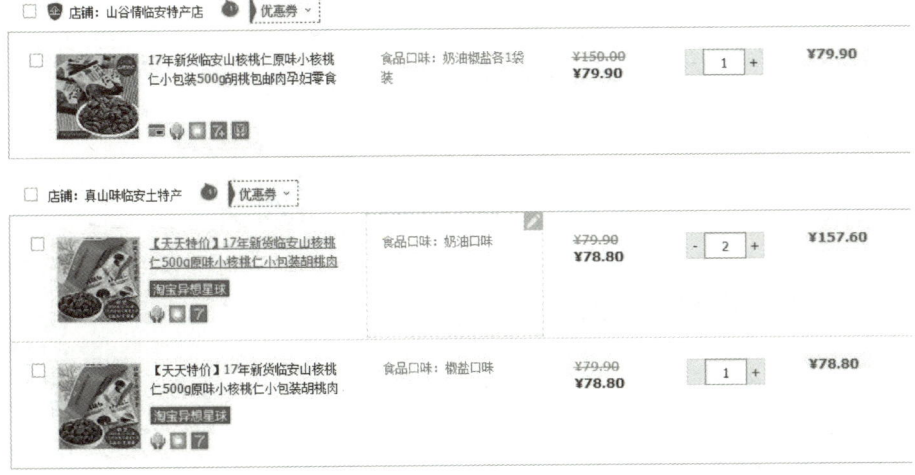

图 5-3　购物车路径

（4）广告

很多时候客户是通过卖家投放的各种广告进入店铺的（如图5-4所示），很显然，投放广告已经成为商家获取流量的重要渠道。但真正能吸引客户重复购买的还是商品本身的品质。所以，在做广告之前，卖家需要做好"内功修炼"，深度挖掘商品特点，优化商品的图片及详情页。当然作为客服，要做好接待客户的准备，及时熟悉自家商品的特点，争取留住每一位客户。

图5-4 广告路径

（5）分享

很多客户是通过自己周围亲朋好友的分享而进入店铺的，这些乐于分享的"分享者"是商家增加销售额的重要帮手。对于这类客户，商家要特别重视，更要好好地把握，因为在他们身后可能存在无数的"销量"。

2. RFM 模型

在筛选客户时，商家会用到RFM模型，其中R代表客户最后一次购买该商品的时间，通过R的分布可以分析客户的购买周期；F代表客户的购买频率，通过F的分布可以分析客户的重复购买行为；M代表客户的消费金额，通过M的分布可以分析消费能力和特征。通过这三个维度，商家可以任意组合筛选出所需客户。

不同类目的R、F、M三个指标具有不同的特点，比如零食类店铺的客户具有购买频率高、客单价低的特性；而珠宝类店铺的客户购买频率低，但是客单价高。

任务2　做好客户关怀

一、客户关怀的作用和分类

1. 客户关怀的作用

（1）提高客户忠诚度

客户关怀能够有效增强客户的消费体验，形成良性的口碑，也会使客户更持久地忠实于企

服务之外，我们还能为客户做什么

业。同样也可以促使企业向客户推销价值更高的商品，从而有利于企业降低服务成本。

（2）改进服务

忠实的客户是最好的商品设计师，通过他们企业会及时发现那些不好用、不方便的地方。客户关怀其实为企业建立了聆听建议的渠道，让企业发现改进空间，设计出更符合客户需求、更有市场竞争力的商品。

（3）提升店铺竞争力

能为店铺创造效益的只有客户，所以客户资源的多少、好坏成为店铺提升竞争力的重要因素。因此，店铺之间"比质量、拼速度、低价格"的目的只有一个，就是留住客户，争取更多的客户。

（4）有利于发展新客户，提升转化率

当店铺商品或服务超出了客户的期望，他们将习惯性地向周围的朋友分享，很显然，熟人传递的商品信息更可信，成交概率也更高。他们成为店铺免费的广告传播者，这对于店铺发展新客户有很明显的效果。同时也会让客户对店铺产生强烈的依赖感，可以有效地提升店铺的转化率。

2. 客户关怀的分类

（1）人文关怀

在节日的时候可以给客户发一些祝福信息，比如在客户生日的时候可以给他们发送一些生日祝福，春节、情人节的时候可以给他们发送一些节日祝福。当然，除了发信息问候，我们还可以利用电话、邮件、寄送礼品等方式来问候客户。

（2）短信关怀

短信关怀是指以发送手机短信的方式来实现客户关怀的目的。卖家可以通过短信给予客户关怀，刺激新用户的转化，提高老用户的重复购买率；同时使用短信关怀可以提高流量，增加客户黏性，提升好评率及回款速度。

另外，我们也可以通过短信关怀实施营销（如图5-5所示）。比如找一个足够吸引眼球的主题策划一场活动，用短信通知所有会员，也可以通过短信发放电子代金券，从而吸引客户获取流量，提升转化率。

此外，有些客户曾经在你的店里消费上千元，可是最近却一直没来过，如果对客户消费记录进行分析，很快你就能找出这些正在流失的客户，应有的放矢地向他们发送挽留短信，针对他们开展与众不同的活动，通过回访电话，倾听他们的建议并做出改进。

（3）电话关怀

通过电话回访客户并与客户深入沟通，倾听客户的意见，能随时关注客户的新需求，为客户提供更多更新的体验，保持长久有效、积极的氛围。

电话作为一种传播工具，能够向客户传播我们的一些信息。做电话关怀的时候，不注意方式方法，就起不到好的效果，反而会让客户产生反感，所以一定要找到好的切入点。

（4）积分管理

积分是商家评估客户价值的重要依据，根据积分对客户进行奖励，或者让高额积分的客户享受更优惠的价格，可以有效提升客户黏性，同时刺激客户的消费积极性。

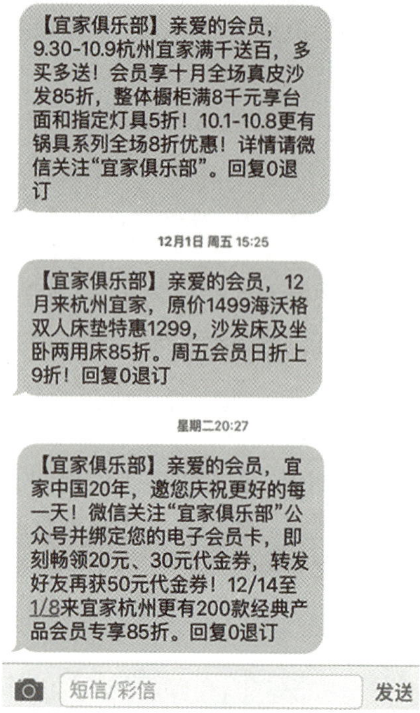

图 5-5　营销短信

（5）储值消费

储值消费一方面能为客户带来便利，另一方面能大大提高客户的黏性，如果他们愿意先把钱存在你这里，无疑证明他们是信任你的，客户是否储值消费直接决定了其忠诚程度。例如现在的餐饮行业，通过折扣吸引客户储值，很好地增加了客户的消费黏性（如图5-6所示）。

图 5-6　储值消费

（6）会员等级

根据不同的交易金额和交易笔数进行客户等级划分，例如银卡、金卡、白金卡、钻石卡会员，客户只要达到相应的等级就可以享受对应的优惠折扣，这也是培养老客户和增加店铺新客户的有效方法。

同步阅读 5-1

88VIP 到底是什么?

2018年阿里巴巴就开始打造 88VIP 会员体系，主要目的是增强用户的黏性。只要你的淘气值达到了 1000 分以上，就可以用 88 元的价格开通会员。会员的权益是享受部分商品的优惠价，以及在视频会员、音乐会员、网盘会员、交通出行、饿了么等方面享受联名会员的体验。

商品优惠主要集中在两方面，一是天猫超市、天猫国际、阿里健康的商品享受九五折优惠；二是大型活动期间会向会员发放大额优惠券（如图 5-7 所示）。

图 5-7　88 会员大额优惠券

基本上其他的会员服务都会计入 88VIP 的增值服务中来。88VIP 增值服务提供的主要是网易云音乐的黑胶 VIP、高德打车 VIP、饿了么超级吃货卡、淘票票联名 VIP、飞猪省钱卡、希尔顿荣誉客会、万豪旅享家、飞猪亲子酒店礼遇、夸克网盘 SVIP、视频会员等（如图 5-8 所示）。

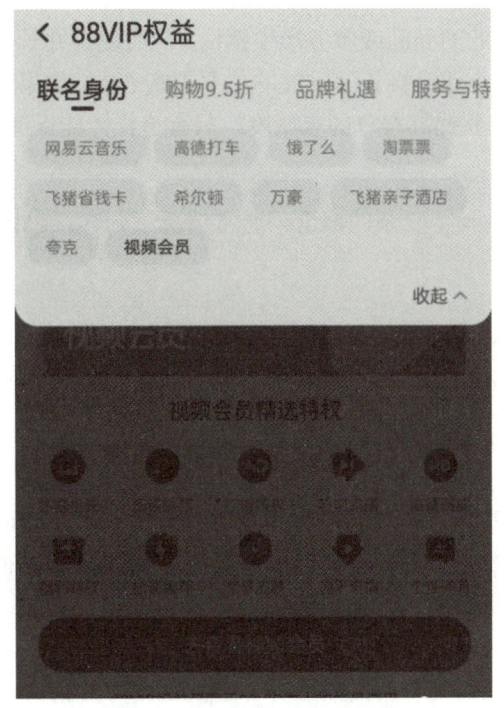

图 5-8　88VIP 会员增值服务

二、如何做好客户关怀

1. 要学会主动关怀

客服的工作不是你问我答的被动形式，做好客户关怀一定要主动出击，向客户及时准确地传递有效信息，学会主动关怀。

对重大节日的促销活动，如"双十一"，我们要主动为客户解释活动的具体形式及截止时间，让他们能够感受到客服的专业性，从而放心购买。

关怀客户，过了就是"打扰"

2. 不要把关怀做成"骚扰"

凡事过犹不及，客服也需同样牢记这个道理。客服需要尽可能多地为客户提供帮助和关怀，但这些服务关怀一定要在客户需要且不打扰客户的前提下进行，我们要谨记，永远不要把关怀做成"骚扰"。

比如，在进行电话、短信关怀时，要结合店铺客户的年龄结构、购买习惯等特点，考虑客户的休息、工作时间，选择最佳的时间对客户进行关怀，时刻牢记"以客户为中心"。

3. 提升客服素养

店铺对客户的关怀最终还是通过客服去实现的，因此提升客服素养对于提高团队管理协作能力，完善售后流程，让消费者无后顾之忧起到至关重要的作用。

三、提升客户忠诚度

1. 客户忠诚度的概念

关于客户忠诚度，目前没有一个统一的定义。一般认为，客户忠诚度是指客户忠诚的程度，是一个量化的概念。它是指由于受质量、价格、服务等诸多因素的影响，客户对某一企业的商品或服务产生感情，从而偏爱并长期重复购买该企业商品或服务的程度。客户的忠诚度是企业维持长远发展的重要因素之一，如果客户忠诚度低就会导致企业的订单流失，所以企业必须要提高客户的忠诚度，只有这样才能保证企业的可持续发展。

客户的忠诚，藏在哪里

2. 客户忠诚的特征

研究表明，客户忠诚是一个复杂的概念，通常情况下，客户忠诚的特征可以表现为以下几个方面。

（1）重复购买

忠诚客户首先在行为上会表现为持续购买，这是一种行为上的忠诚，客户已经形成了一定的购买惯性，当客户有需求的时候，会重复选择该品牌的商品。

（2）同时购买多个商品或服务

忠诚客户在使用商品时持续感到满意之后会形成对品牌的偏爱，因为喜欢和认同而购买。因此当品牌推出多个商品或服务的时候，就会得到忠诚客户的支持。例如小米的粉丝最先因为购买了小米手机而对品牌产生了忠诚度，当小米发展了它的科技生态链，推出了小米手环、小米盒子、小米智能插座等商品后，同样得到了很多米粉的支持。

（3）乐于向他人推荐传播

忠诚客户会乐于向其他人推荐商品或服务，这就是口碑营销，这建立在客户对品牌认同的基础上，是一种情感上的忠诚。小米的口碑式营销最初打造了一批忠诚的"米粉"，在他们的分享传播之下，才形成了今天小米手机销售的"神话"。

（4）对于竞争对手的诱惑有免疫力

价格战对于忠诚客户的影响不大。如果用户是××品牌的忠诚客户，他不会因为其他品牌的优惠力度大而选择购买该品牌的商品，这就是忠诚的表现。

（5）与企业有着良好的情感

客户对企业有一定的信任度，就愿意购买企业的商品。

3. 忠诚客户的价值分析

（1）利润价值

创造价值、获得利润是企业的主要任务，忠诚客户的增加会带来巨大的利润。忠诚客户会持续购买企业的商品，不会因为价格的上涨或竞争对手的低价策略而选择新商品，因此忠诚客户能保证企业获得稳定的利润。

（2）口碑价值

客户的价值不仅在于他自身的购买价值，还包括其对亲朋好友的影响，这就是口碑效应。忠诚度高的客户往往会把好用的商品或愉快的购物体验直接或间接地传达给其他人，无形中他们就成了店铺的免费广告宣传者，这远比狂轰滥炸的巨额广告投资促销效果更好。在互联网环境下，这种口碑效应的影响力变得更大，忠诚客户成为企业发展新市场、获取新客户的重要途径之一。以网店运营为例，很多店铺在商品上新的时候，往往先通知老客户回购，通过积累基础销量和商品评价，吸引更多的新客户购买，打造商品的聚众效应。

（3）信息价值

客户的信息价值是指客户为商家提供的基本信息的价值，这些信息主要有电子商务网站主动记录的客户的基础信息和交易数据信息，以及商家与客户在双向沟通的过程中，客户通过抱怨、建议、要求等向商家提供的信息。忠诚客户会更愿意向企业提供合理可行的建议和忠告，而企业通过反馈，改进商品、改善服务，又促进了客户满意度和忠诚度的提升。

4. 客户忠诚度的影响因素

网络客户忠诚度是受诸多因素共同影响的，很多学者都对此做了深入的研究。综合现有研究成果，影响因素大体可以分为两类：内在影响因素以及外在影响因素。

（1）内在影响因素

① 客户满意度。研究表明，客户满意度与忠诚度呈正相关，客户满意度越高，客户的购买次数也会越多，对公司及其品牌也就越忠诚。客户对消费的商品和服务满意是客户保持绝对忠诚的必要条件。但值得注意的是，客户满意不一定代表客户忠诚，满意不是忠诚的充分条件。

② 客户价值。追求利益是客户的基本价值取向。调查结果表明，客户与企业建立长久关系的主要原因是客户希望从对企业忠诚中得到优惠和特殊的关注。如果客户需求能够得到满足，则更容易刺激客户与企业建立长久的关系。由此可见，客户忠诚的动力在于能否从忠诚中获利。

③ 客户信任。客户信任是指客户对企业履行交易承诺的一种感觉和信心。如果客户没有对企业产生一定程度的信任，客户关系就不可能保持长久，客户信任是在客户满意的基础上长久维持客户关系的关键因素。在网络购物中，交易存在一定的风险，客户为了避免这种风险，往往会更倾向于与自己信任的企业保持长久的合作关系，因此信任是构成客户忠诚的核心要素。比如现在电商平台实施的7天无理由退换货、正品保障等措施，就是一种信任的保障措施。

（2）外在影响因素

客户由一个企业转向其他企业，必须付出一定的代价，这些代价的总和称为转换成本。转换成本主要分为：时间和精力上的转换成本，比如客户一直对一家店铺的衣服比较满意，如果要转向其他店铺，客户需要重新花费时间进行筛选和对比，最终确定购买，会有一定的时间和精力消耗，同时还要承担不满意和退换货的风险；经济上的转换成本，主要涉及原有企业给予的优惠损失。提高客户的转换成本是留住客户、提升客户忠诚度的有效途径。

任务3　搭建互动营销平台

在维护客户的过程中，客服要为客户创造条件，使得客户之间、客户与卖家之间的信息互动性增强，将店铺的信息有效地推送出去，达到维护客户的最终目的。随着电商行业的快速发展，互动平台和工具越来越多样化，使用频率较高的主要有以下几种。

新媒体工具，如何用得巧

一、社群

阿里旺旺、QQ、微信、钉钉是使用人数较多的几款网络沟通软件，我们可以通过创建群聊让新老客户加入社群，主动在群内与客户进行沟通，及时宣传自己的上新消息、店铺优惠等，同时也可以让客户互相分享自己的商品使用心得，当卖家与买家、买家与买家之间形成互相信任的关系之后，客服会发现自己的销售更轻松，效率也会更高。

社群互动的注意事项如下。

① 举行让人难忘的欢迎仪式：第一印象很重要，要让刚加入的伙伴觉得他被热情接待了。

② 完善群规则：没有规矩不成方圆，规矩的订立也会让群变得更规范化，大家有共同的宗旨，做起事来也会觉得更踏实，感觉在群里更有保障，形成一种文化感。

③ 为客户创造价值：形成文化之后，接下来就要提供一些价值，从人们的需求开始，因为每一个加群的人都想在群里获得自己想要的东西，根据这个目的，商家可以自行规划方案。

④ 修改群昵称：我们可以不定期根据群的发展来修改群昵称，让群成员觉得群里可能有什么新动态了，调动大家的思绪，活跃度就会增强。

二、微信公众平台

微信公众平台是腾讯公司在微信的基础上新增的功能模块，个人和企业都可以通过这一平台打造一个微信公众号（如图5-9所示），实现和特定群体的文字、图片、语音的全方位沟通、互动。

相比于传统的广告推广，微信公众号的融入将广告信息更快捷地推送到客户手中，客户能够通过更快捷的方式获取店铺、商品的最新信息，在一定程度上能够增强客户的购物体验。

微信公众号的发布注意事宜如下。

① 做好定位，就是给公众号赋予灵魂，明确自己的用户是谁，并努力让自己的商品达到用户心中的期望。

② 选择吸睛标题，可以达到事半功倍的效果。汉语是一门博大精深的语言，在切合软文

内容的前提下，通过利用多音字、谐音字，尤其是语音相同或相近含义却相反的词语，赋予标题深刻的内涵，引发读者思考。

③ 注意排版，多用图片。俗话说，一图胜千言，图片能比文字更好地表达我们的主张，但是考虑到用户的手机流量，不得不在文章的图片数量、图片清晰度方面做出取舍。但所有的取舍只有一个目的：让我们的内容更好地被读者获取和传播。

图 5-9　微信公众号

 同步阅读 5-2

阅读 5000 万+，从图文到短视频，他们正杠上开花——"视觉志"公众号

公众号改变了很多人的命运，"视觉志"创始人沙小皮就是其中一个。早在 2012 年，沙小皮就在朋友的建议下注册了微信公众号，但到 2013 年初才将重心放在经营公众号上。而彼时，他还在烟台一家国企上班。2014 年底，沙小皮辞去安稳的工作，开始新媒体创业，全职运营公众号。这年，"视觉志"公众号的关注用户已超 100 万。2017 年 9 月，"视觉志"的一篇文章《谢谢你爱我》在朋友圈刷屏，该文发布一天半后，文章阅读量达到 4000 万+，4 天后，阅读量突破 5000 万，涨粉 60 万+，成为那些年人们津津乐道的爆款案例。

在业内，"视觉志"更是被人称为"爆款内容制造机"，阅读量 1000 万+的爆文频出。2019 年，"视觉志"开始大力布局短视频领域，由集团副总裁王浩带队成立"杠上开花"MCN。孵化的账号"青岛大姨张大霞""零号故事""电影探长"等目前在微信视频号已有多个点赞量 10 万+的作品。2020 年，"视觉志"正式启用"万物可爱"品牌，至此，涵盖图文、短视频、微综艺、直播、联名商品、线下活动等多种形式的内容商业版图正式形成。

如今,"视觉志"公众号的关注用户达 1500 万左右,公众号矩阵"她刊""影探""窈窕妈妈"等的累计关注用户超 1.5 亿。

沙小皮是个文艺青年,又充满着分享欲,希望自己看到的、喜欢的内容被更多人看到,因此有了"视觉志"最初的定位:小众、反流行。在不断尝试和摸索中,沙小皮发现,精美的图片加上温情、唯美的文字,能够让内容的传播量和粉丝量大幅提升,这也奠定了"视觉志"的调性:唯美、温暖、励志。从"视觉志"的文章中,我们发现,内容多围绕着新闻时事热点、生活百态,通过娓娓道来的故事叙说方式传递着爱与温暖,传递着正能量。例如当年的爆文《谢谢你爱我》(如图 5-10 所示),作者通过"场景描述+图片+温暖的金句"的方式,讲述了十几个充满正能量的故事,直戳人心,引发千万读者共鸣。

"视觉志"爆款频出,集团副总裁李飞鸿总结了以下 3 个重要的因素。

① 首先要"与我有关",也就是与读者在体征、身份、社交关系等维度有关联性。热点内容之所以爆的概率大,也是因为大多数人都在关注这件事,读者作为其中的社交个体,与之产生了关联。

图 5-10 《谢谢你爱我》内容

② 情绪共鸣、情感共鸣、价值观共鸣。任何一篇爆款,都具备了超强的传播属性,而想要触发读者的转发点,必然要在情绪上,或者情感上,或者价值观上,让读者产生共鸣和认同。

③ 文字功底和写作技巧。同样的选题,由不同的人来写,创作出来的内容质感和温度也是不一样的。

当然爆文很多时候是可遇不可求的,当年"视觉志"的现象级爆文产生后,沙小皮就在朋友圈说了这么一句话:公众号爆款,三分靠努力,七分靠运气。

就像当年写出《谢谢你爱我》爆款的小编,那时的她还是个刚入行一年的新人,但平时就注重收集素材,把这些感人的故事收藏在自己的素材库中,在合适的时机,花 3 小时就完成了这篇文章。谁也没想到，文章会如此火爆。

而这，也是"视觉志"对内容创作团队的一个要求：保持大量的阅读和日常积累。每周他们都有头脑风暴，不断分析复盘国内外优秀的创意案例，倒逼着大家不断产出优质的创意。"保持高强度的创意输出，没有捷径可走。"

王浩在带领团队做短视频赛道突破的时候也表示，"创新难度越来越高，但内容为王依然不过时"，只有精益求精，才能满足用户不断提升的内容需求。

三、微博

网络社交工具还有一位重要的成员——微博。微博作为一种全新的交流工具，从2009年到2012年，短短3年的时间，迅速地进入普通百姓的生活。截至2024年9月，微博月活用户达5.87亿，日活用户达2.57亿。微博以简单快捷的传播方式和随时随地的互动形式，在各种网络传播工具中独树一帜。微博互动的几种方式如下。

① 原创互动。原创是最有价值的互动方式，一个较好的原创本身就充满了互动"磁力"，可以吸引更多的粉丝进行关注，从而引起消费者的共鸣，增加对店铺的关注。

② 转评赞。社交工具最有趣的功能就是"转、评、赞"，甚至可以说每一个人都已经被这一功能深化了，社交平台用户开始变得充满自动性，无节制性。

③ 话题互动。选择话题的条件：话题粉丝较多且活跃、话题粉丝参与性强。

④ 抽奖互动。通过设置抽奖互动，能吸引粉丝关注，增加对店铺的印象分。

四、直播

随着移动互联网智能化应用的发展，直播逐渐成为最直接、最热门的互动方式。渠道终端普及、操作成本低廉、实时数据显示，凭借着这些传统营销不具备的优势，互动直播被越来越多的店铺选择。虽然做直播的店铺越来越多，但想做一场成功的互动直播却不容易，需要店铺进行深入的铺垫和规划。

一场直播活动看起来只是几个人对着镜头说说话而已，但背后都有明确的营销设计，将企业的营销目的巧妙地设置在直播的各个环节中。通过直播可以加强与客户的互动，促进商品销量，提升企业品牌形象。直播互动营销主要包含5个步骤，如图5-11所示。

图5-11 直播互动营销步骤

【同步实训】

【实训目的】

通过本次实训，学会个人订阅号的申请方式，熟悉订阅号的基本功能，能够编辑个人订阅号。

【实训内容与步骤】

一、个人订阅号的申请

① 已经开通微信的 QQ 号和 QQ 邮箱是不能注册个人订阅号的,所以,我们第一步要去注册一个邮箱,如图 5-12 所示。

图 5-12　新浪邮箱注册页面

② 邮箱注册好之后,进入微信公众平台登录页面,点击"立即注册"按钮进入注册页面(如图 5-13 所示)。

图 5-13　微信公众平台注册页面

③ 把注册好的邮箱账号填写进去,然后设置密码,输入验证码,点击"确定"按钮进入下

一步（如图 5-14 所示）。

④ 系统会自动发一封邮件到邮箱来激活微信公众平台登录邮箱，如图 5-15 所示。

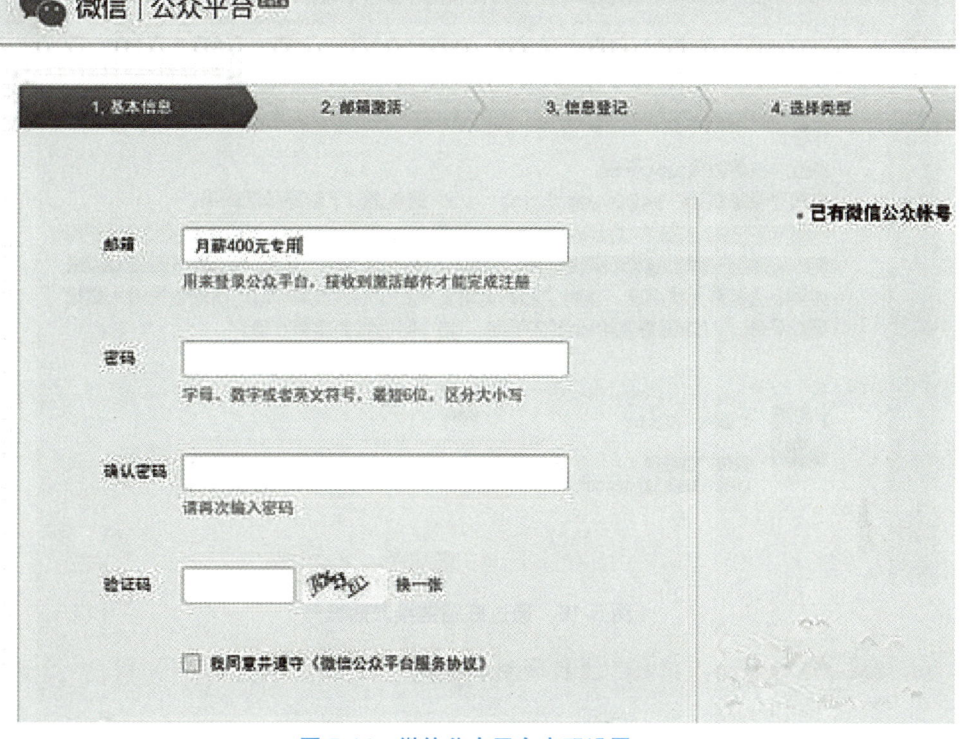

图 5-14　微信公众平台密码设置

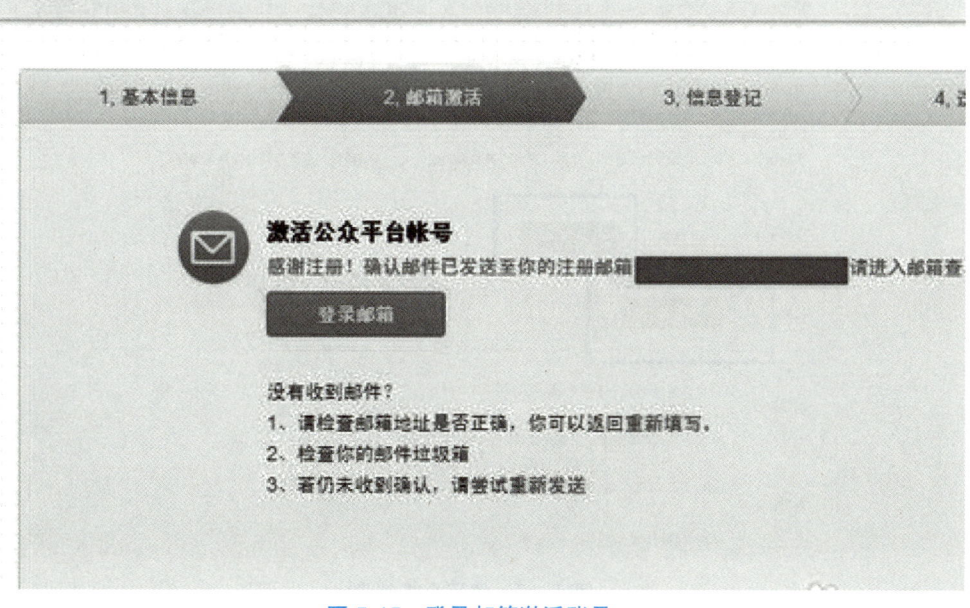

图 5-15　登录邮箱激活账号

⑤ 打开刚刚注册的邮箱，有一封微信公众平台产品经理发来的邮件，里面有一个链接，点击即可激活并跳转到填写个人信息的页面（如图 5-16 所示）。

图 5-16　通过邮箱链接激活账号

⑥ 按照要求填写个人信息，上传资料，如图 5-17 所示。

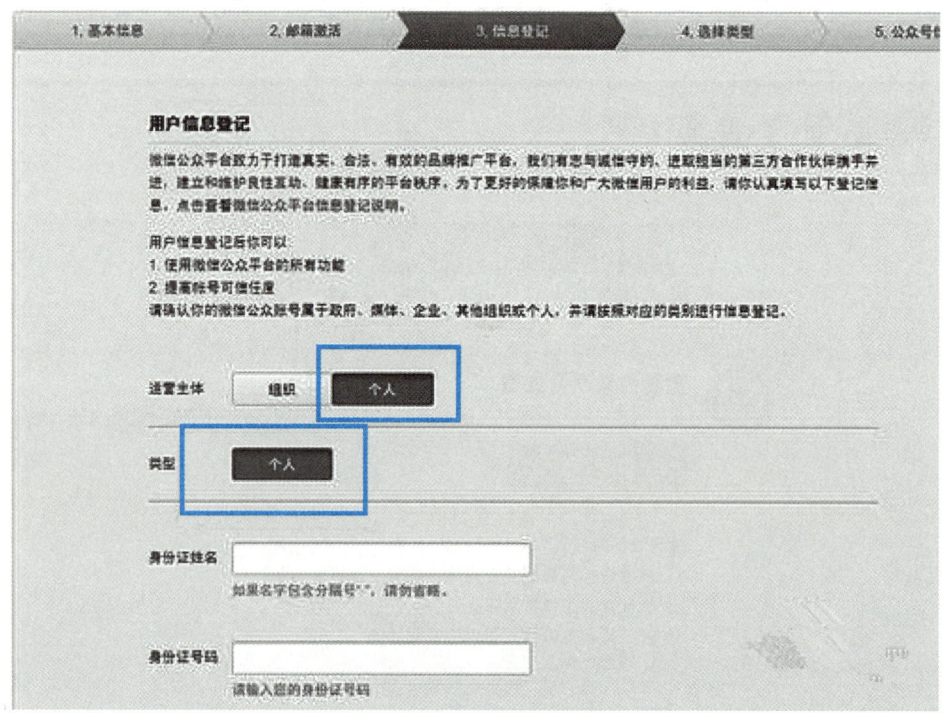

图 5-17　填写个人信息

⑦ 填写好之后，系统会审核所提交的信息，如图 5-18 所示。

二、个人订阅号的编辑

① 登录个人订阅号账户，如图 5-19 所示。

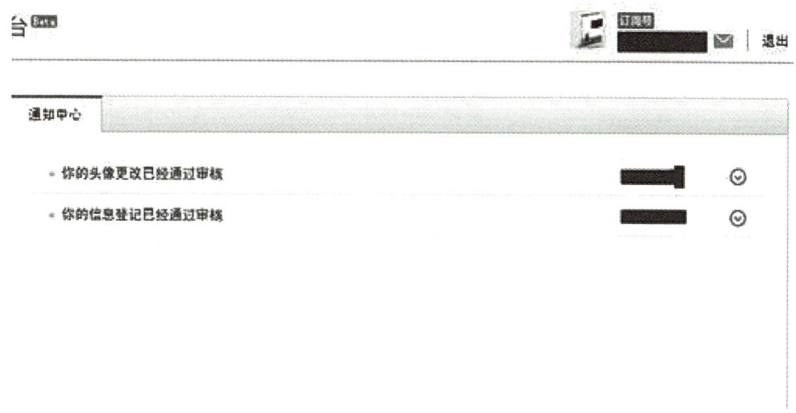

图 5-18　系统审核信息

图 5-19　登录页面

② 在账户主页面点击左侧导航栏里的"素材管理"按钮（如图 5-20 所示）。

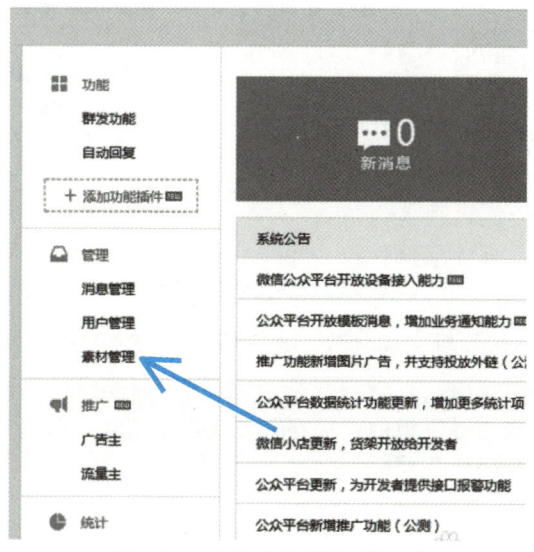

图 5-20　点击"素材管理"按钮

③ 在"素材管理"页面点击右侧的"图文消息"按钮（如图 5-21 所示）。

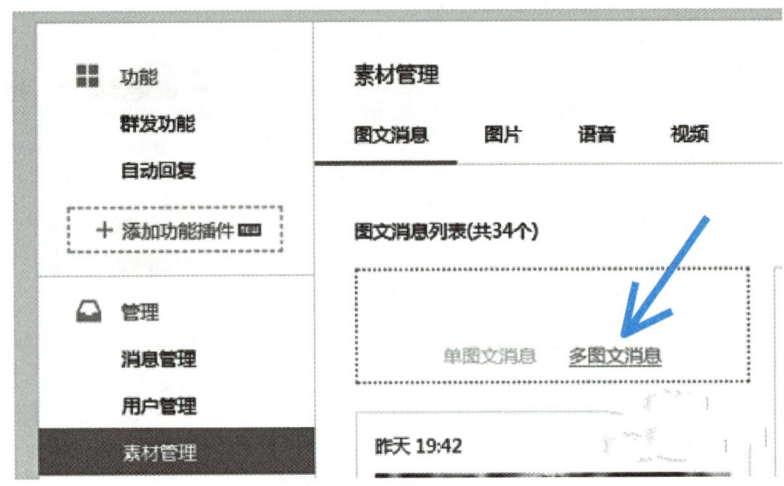

图 5-21　图文消息列表

④ 按步骤依次填写标题、作者、封面、正文（如图 5-22 所示）。

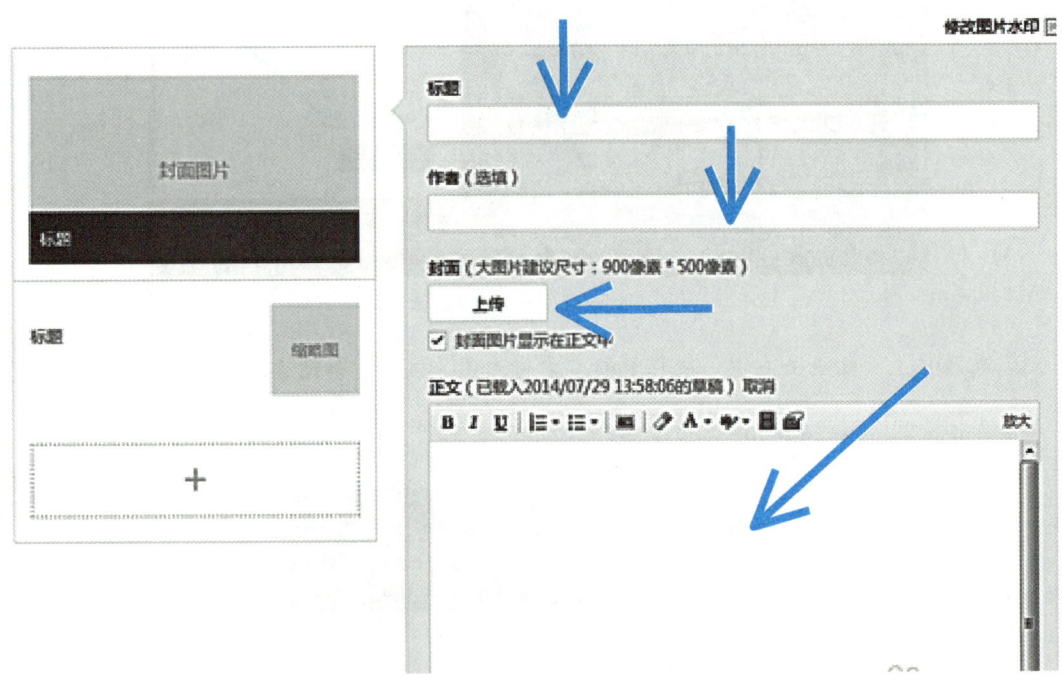

图 5-22　图文消息编辑

⑤ 第一条图文消息全部编辑完成之后，点击铅笔形状的图标，可以继续添加第二条图文消息（如图 5-23 所示）。

⑥ 编辑完成之后，点击最下面的"保存"按钮保存消息（如图 5-24 所示）。

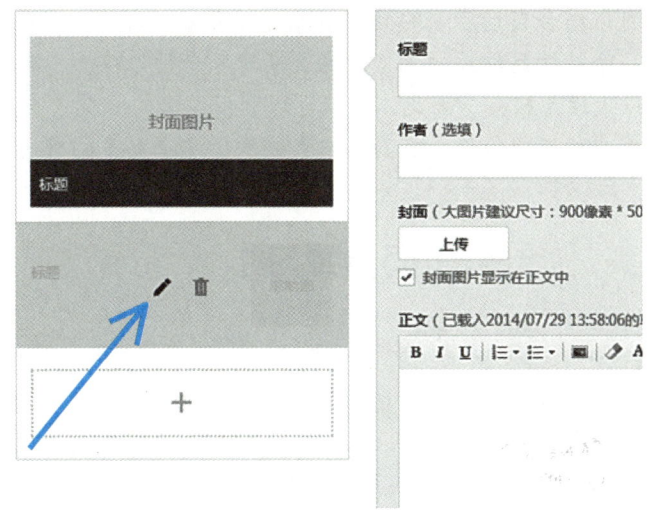

图 5-23　多条图文消息编辑

图 5-24　图文消息保存页面

【项目小结】

本项目主要讲述了客户关系管理在店铺运营中的重要性，并讲解了如何收集客户信息，如何对收集到的客户数据进行分析。对客户进行关怀，是为了维护老客户，为老客户营销打下良好的基础，做到精准关怀。本项目介绍的客户关怀和营销的方式都是实战中商家经常使用的，而且效果不错，建议可以结合自己店铺的具体情况进行实施。

客户关系管理是一个持续且细致的工作，要长期对客户行为特征、消费习惯进行分析、整合，以数据为依据，以人性为核心。因此，商家可以利用现有的社交及自媒体工具，搭建与客户的互动平台，挖掘客户的潜在价值，提高客户忠诚度，掌握更多的机会。

【同步练习】

1. **不定项选择题**

（1）客服做好客户关系维护的第一步是（   ）。
A. 发现客户的潜在需求　　　　　　B. 收集、完善客户的信息及档案资料
C. 制定服务方案　　　　　　　　　D. 制定标准化建议书

（2）店铺实施客户关怀的作用是（   ）。
A. 提高客户忠诚度　　　　　　　　B. 改进服务
C. 提升店铺竞争力　　　　　　　　D. 提升店铺转化率

（3）客户关怀的方式有哪些？（   ）
A. 电话关怀　　　　　　　　　　　B. 人文关怀
C. 短信关怀　　　　　　　　　　　D. 积分管理

（4）常用的互动营销平台有哪些？（   ）
A. 微博　　　　　　　　　　　　　B. 微信公众平台
C. 社群　　　　　　　　　　　　　D. 微淘

（5）在常用的互动营销平台，最直接的互动平台是（   ）。
A. 微博　　　　　　　　　　　　　B. 微信公众平台
C. 直播　　　　　　　　　　　　　D. 微淘

2. **简答题**

（1）为什么要进行客户关系维护？
（2）客户进入店铺的常见路径有哪些？各有什么特点？
（3）客户关怀的方式有哪些？每种方式的优缺点及合适的情境是什么？
（4）客户互动营销平台有哪些？每个平台的特点是什么？

3. **分析题**

（1）如何实现从客户关怀到客户忠诚的转换？
（2）店铺可以采取哪些措施增强老客户的黏性？

项目六 客户服务发展

本项目重难点

- 了解智能客服的概念及作用；
- 熟悉智能客服的应用场景；
- 掌握智能客服的设置方法；
- 熟悉直播电商各阶段的高频问题；
- 掌握直播电商客服对不同阶段不同问题的降量方法；
- 掌握构建直播电商客服体系的方法。

思维导图

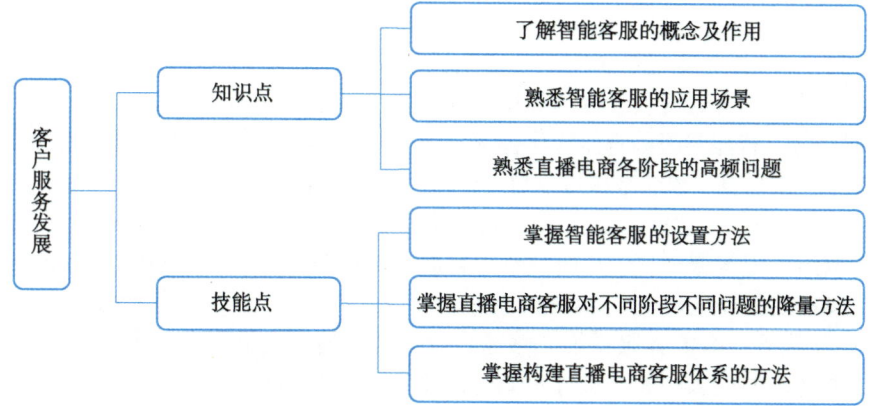

案例导入

国内客服系统的发展经历了三个阶段：从早期电话时代的呼叫中心系统到互联网时代的在线客服系统，再到智能客服系统。近年来，随着核心算法的突破、计算机能力的提高和大量互联网数据的沉淀，人工智能逐渐从科幻变成了现实。我国人工智能技术产业的快速发展也为智能客服的诞生创造了良好的网络环境和技术基础。通过使用智能客服系统，企业可以通过互联网为无数客户提供多渠道的在线服务。

随着各行各业企业客服的快速增多，传统的客服模式已不能完全满足企业发展的业务需求，大量客服中心开始转移到劳动力成本相对较低的地区，但仍不能满足日益增长的客服需求，客服成本仍在上升，在这样的背景下，以自然语言处理（NLP）技术为核心的智能客服诞生了。

智能客服商品和服务模式的诞生，不仅有助于企业适应移动互联网的快速发展，创造了应用人工智能技术为客户提供服务的新模式，而且在保证服务质量和服务效率的同时，大大降低了企业客服成本。

【案例分析】

随着人工智能技术的发展，智能客服系统成为企业解决客服问题的新选择，不仅提高了服务效率，还降低了企业的客服成本。同时，多样化的客服形式和全渠道的覆盖范围使客户可以通过多种方式与企业进行交互，提升了用户满意度。

任务 1 智能客服的应用

智能客服，正在改变什么

一、认识智能客服

近年来，随着人工智能技术的深入发展，智能客服一直不断地进行优化和迭代升级，已经成为各大网店客户服务场景的标配。智能客服不仅可以缓解人工客服的工作压力，帮助企业节约人力成本，还可以提升客户体验，减少客户流失。

智能客服是指利用人工智能（AI）技术和自然语言处理技术来提供客户服务和支持的系统或平台。这种系统可以自动回答客户问题、处理投诉、提供信息等。智能客服通常通过文字或语音与客户进行交互，可以通过各种渠道，如网站聊天窗口、手机应用、社交媒体等为客户提供服务。

相比于传统的人工客服，智能客服拥有很多突出的优势，可以利用自动化和智能化的技术手段，提供更高效、更便捷、更个性化的客户服务，具体优势如下。

① 即时响应：智能客服系统可以实现全天候服务，无须人力介入，能够即时回应客户的咨询、投诉或需求，大大缩短了客户等待时间，提高了客户满意度。

② 降低成本：智能客服系统能够代替部分或全部人工客服工作，从而降低企业的人力成本。相比于传统的人工客服，智能客服可以更高效地处理大量客户咨询，节省了企业的运营开支。

③ 提高服务效率：智能客服系统可以自动识别和处理大部分常见问题，只有在复杂情况下才需要转接给人工客服处理，从而节省了客服人员的时间，使其能够更专注于处理复杂问题和为客户提供高质量服务。

④ 个性化服务：智能客服系统能够通过分析客户的历史数据和行为，提供个性化的服务和建议，根据客户的需求和偏好进行定制化的交互，提升客户满意度。

⑤ 数据分析和洞察：智能客服系统能够收集、分析和挖掘大量的客户数据，帮助企业了解客户的偏好、行为和需求，为商品改进、营销策略提升和服务优化提供数据支持和决策参考。

虽然智能客服在服务效率等方面具有突出优势，但很难完全取代人工客服，对于一些非标准问题或个性化的需求，或者复杂的涉及情感、判断的问题，智能客服系统往往无法提供有效的解决方案，需要人工客服的介入。因此，智能客服系统通常与人工客服相结合，形成一种"人机协作"的模式，通过智能客服系统处理大量标准化问题，而将复杂、非标准化的问题交给人工客服处理，以达到最佳的客户服务效果。

二、智能客服应用场景

现有的智能客服不仅提供接待、聊天等服务，伴随着业务的需要，其也

AI来了，客户服务还需要"人"吗

在不断地完善和丰富，还有诸多业务模块，包括质检培训、商品跟单、商品推荐等。比如天猫平台的智能客服"阿里店小蜜"（如图 6-1 所示），它是阿里巴巴官方推出的智能客服机器人，能够帮助网店更好地管理店铺。"阿里店小蜜"一推出，就受到了很多淘宝网店的喜爱，其基本功能包括问答管理、商品知识库、数据统计、跟单助手、智能商品推荐、质检培训等。

图 6-1 "阿里店小蜜"智能客服首页

1. 智能接待

智能接待功能可以为客户提供实时、自动的接待服务，以起到解决常见问题、引导用户流程等作用。目前，主流电商平台的智能接待模式分为两种，一种为全自动接待，另一种为智能辅助接待。这两种模式可以同时开启，以满足不同场景的需要。图 6-2 是抖音飞鸽智能客服的接待设置页面。

抖音飞鸽操作指南

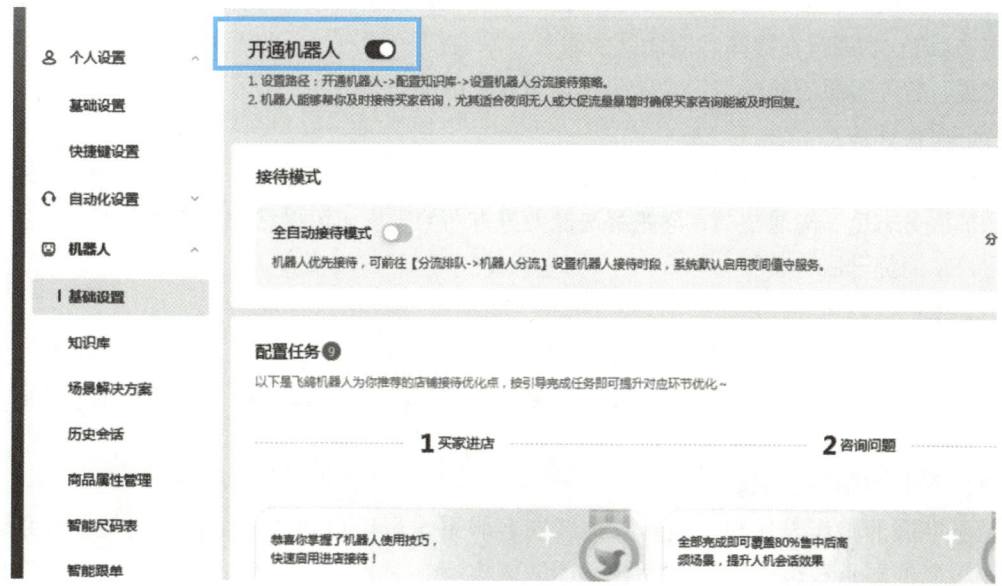

图 6-2 抖音飞鸽智能客服的接待设置页面

105

（1）全自动接待模式

全自动接待模式是指在没有人工干预的情况下，由智能客服自动处理用户的服务需求和问题。在夜间无人工客服值守的时段或者大促期间咨询量暴涨时开启全自动接待模式，可以确保买家的咨询能够得到及时回复。

在全自动接待模式下可以对店铺的咨询进行分流设置，店铺可以根据自身实际情况进行设置，智能客服的分流策略一般包括全店人工优先接待、全店智能客服优先接待及混合模式下设置智能客服接待的百分比 3 种方式。凡是被分配给智能客服接待的会话，都可以由智能客服自动回复欢迎语及快捷卡片，并智能识别客户咨询的意向，给予问题提示卡或相应的回复，在无法理解问题时，可以转人工客服处理。

（2）智能辅助接待模式

智能辅助接待模式是指智能客服辅助人工客服接待，在客服接待过程中提供话术推荐，并可以自动回复尚未接起的客户咨询。此模式非常适合日常接待，智能客服成为人工客服的小助手，有效提高了客服的接待效率。使用智能辅助接待模式也需要进行授权及设置。图 6-3 为抖音飞鸽智能客服智能接待设置页面。

2. 自动触达

智能客服的自动触达是指智能系统通过预设的条件和规则，在没有用户主动发起咨询的情况下，自动向用户发送信息或提供服务的过程。这种自动触达可以基于用户的行为、偏好、历史数据等信息，以及系统设置的触发条件，定时、定量、定向地向用户发送信息或提供服务。比如，我们经常提到的催付、签收关怀等都属于智能客服的自动触达范围。不同电商平台支持的自动触达场景及设置方法会有差异，但其底层逻辑基本相同。以抖音飞鸽智能客服为例，自动触达功能在飞鸽的"智能跟单"模块中，其触达的功能包含售前营销增收、售中主动关怀、售后智能服务 3 个部分，如图 6-4 所示。

3. 质检培训

智能客服的质检培训功能是指利用智能技术和数据分析手段，对客服工作质量进行评估和培训提升。这一功能旨在提高客服团队的服务质量、提升工作效率，并不断优化客户服务体验。具体来说，智能客服的质检培训功能包括以下几个方面。

（1）质检评估

智能客服系统通过自动记录和分析客服对话数据，可以对客服工作质量进行评估；通过评估客服的服务态度、沟通技巧、问题解决能力等方面的表现，可以帮助客服团队发现问题、改进不足，从而提升服务质量。

（2）挖掘问题

智能客服系统能够自动识别客服工作中的问题和瓶颈，并根据数据分析结果为客户提供相应的改进建议。通过挖掘客户反馈、投诉信息等，及时发现不足之处，有针对性地对客服人员进行培训和改进。

（3）个性化的培训计划

基于客服的工作表现和发展需求，智能客服系统可以自动生成个性化的培训计划。通过识别客服的弱点和改进空间，为客服团队制定有针对性的培训内容和计划，帮助客服人员提升工作能力和水平。

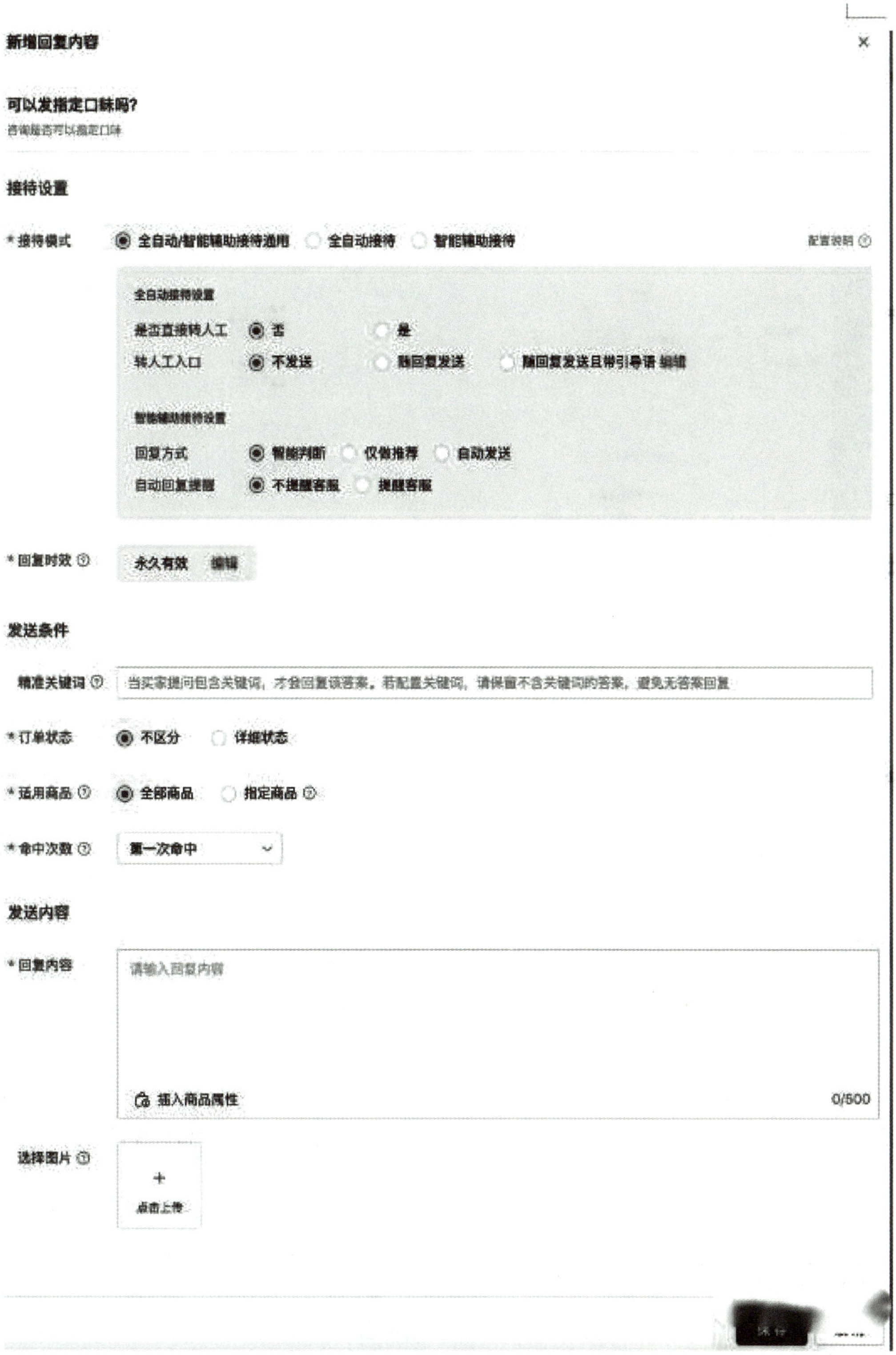

图 6-3 抖音飞鸽智能客服智能接待设置页面

图 6-4 抖音飞鸽智能客服自动触达功能

（4）知识库更新

智能客服系统能够根据客户问题的反馈情况，自动更新和完善知识库内容。通过分析客服对话数据和用户反馈，及时发现客户的新问题和新需求，更新知识库内容，为客服团队提供最新、最全面的服务支持。

（5）模拟训练场景

智能客服系统可以模拟客服工作场景，提供虚拟训练环境，帮助客服团队进行模拟对话和应对场景练习。通过模拟训练，客服团队可以预演各种情况，提高应对突发情况的能力。

抖音飞鸽会话质检是快速查看机器人接待的历史会话内容的工具，通过对不同条件的组合筛选，可以完成对机器人回答内容的质检并对机器人知识库进行优化。我们在设置时，可以通过"PC版抖店后台"—"飞鸽客服"—"客服管理"—"机器人设置"—"会话质检"进入，如图6-5所示。

图 6-5 抖音飞鸽智能客服"会话质检"界面

抖音飞鸽智能客服"会话质检"功能提供多个筛选条件，可进行组合搜索，查看实际会话内容，并进行报表导出。例如，要查看买家咨询"什么时候发货？"转人工客服的会话内容，可按照如下方式进行筛选，如图6-6所示。

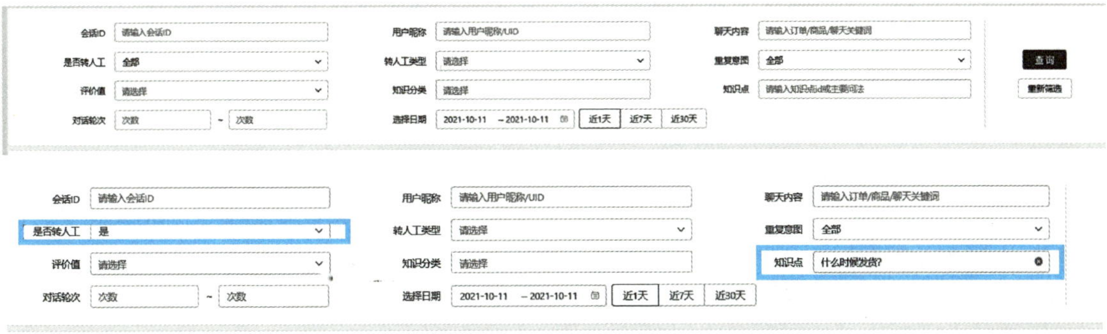

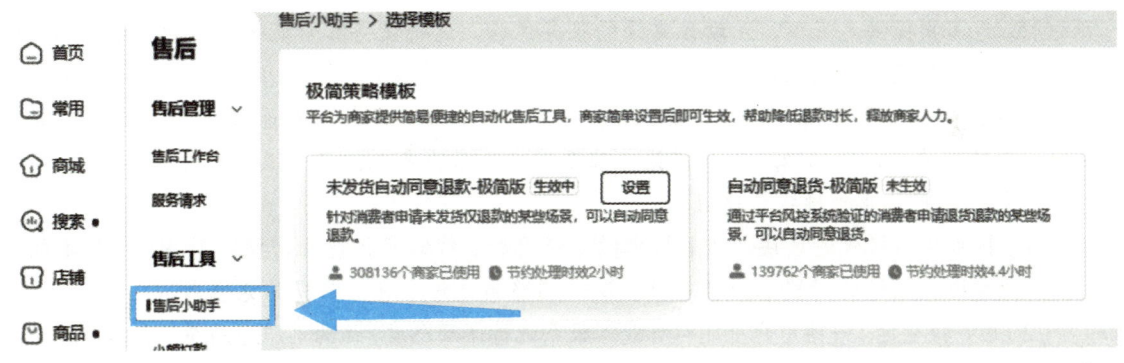

图6-6　抖音飞鸽智能客服"会话质检"使用方式

4. 售后服务

智能客服的售后服务功能是指智能系统在客户购买商品或服务后，自动为客户提供售后支持和服务的一系列功能。这些功能能够在客户提出问题、需要技术支持、提交投诉或退换货等情况下，自动为客户提供解决方案、引导操作或处理流程。目前主流电商平台的售后智能服务十分完善，商家可以根据自身的工作流程、ERP支持程度、订单逆向接口对接程度等条件设置对应服务。如抖音飞鸽售后小助手为商家提供了 14 种策略模板，支持未发货仅退款、已发货仅退款和退货退款场景，如图6-7所示。

图6-7　抖音飞鸽售后小助手

想一想：智能客服的发展趋势是什么？

同步阅读

智能客服行业的发展现状及趋势

在数字化浪潮的推动下，智能客服行业逐渐成为企业提升服务效率、满足客户需求的重要工具。

1. 智能客服行业的发展现状

（1）技术驱动。智能客服行业的快速发展得益于人工智能、自然语言处理等前沿技术的不断创新。这些技术的进步使得智能客服系统在语义理解、情感分析等方面取得显著进展，更好地适应了多样化的用户需求。

（2）行业应用广泛。智能客服不局限于传统的在线客服领域，也涵盖了电话客服、社交媒体客服等多个方面。企业通过智能客服系统能够更全面、更高效地覆盖各个服务渠道，为客户提供一体化的服务体验。

（3）大数据支持个性化服务。智能客服系统通过对海量用户数据进行分析，能够为每位用户提供个性化的服务。这种个性化服务不仅体现在对问题的解答上，还体现在商品推荐、定制化建议等方面，提高了用户满意度。

（4）自动化运营成本低。相对于传统的人工客服，智能客服系统能够实现自动化运营，大幅降低企业的运营成本。

（5）实时监测和数据分析。现代智能客服系统提供实时监测和数据分析功能，帮助企业及时了解客户的需求和反馈。通过这些数据，企业可以迅速调整服务策略，提高客户服务的质量和效率。

2. 发展趋势

（1）情感智能升级。未来的智能客服系统将更注重情感智能的升级。通过深度学习和情感分析技术，系统能够更准确地识别用户的情感变化，提供更贴近用户需求的服务，增强用户体验。

（2）多模态交互。未来的智能客服系统将更注重多模态交互，包括语音、图像、文字等多种形式。这将使得用户可以更自由地选择交互方式，提高沟通的灵活性和便利性。

（3）人机协同服务。未来，人机协同服务将成为智能客服的重要方向。智能客服和人工客服将更好地结合，智能客服处理常见问题，而人工客服则专注于处理复杂问题和情感沟通，实现更高效的服务模式。

（4）增强现实技术融合。随着增强现实技术的发展，未来的智能客服系统可能融合虚拟现实元素，为客户提供更直观、互动性更强的服务体验。这将使得客户能够更好地理解商品、解决问题，提高服务的实用性。

（5）隐私与安全保障。在未来的发展中，隐私与安全将成为智能客服系统关注的重要方向。系统需要更严密的隐私保护措施，确保用户数据的安全，以增强用户的信任感。

3. 智能客服行业的挑战与建议

（1）技术更新换代速度快。随着技术的不断更新，智能客服行业需要不断适应新技术的变化，因此建议企业保持对技术的敏感性，及时调整和更新系统，以提高竞争力。

（2）用户接受度。一些用户可能对智能客服系统持怀疑态度，认为其服务质量不如人工客服。因此，建议企业在推广智能客服时注重提高用户的接受度，通过培训和学习解释系统的优势。

（3）数据隐私和安全问题。随着用户数据的积累，数据隐私和安全问题成为不可忽视的挑战。企业应该加强对数据的管理和保护，遵循相关法规，增强用户对系统的信任感。

（4）人机协同的平衡。在实现人机协同服务时，需要平衡好智能客服和人工客服的比例。建议企业根据具体业务需求和用户反馈，调整服务模式，以达到最佳效果。

（5）用户体验持续改进。提升用户体验是智能客服行业发展的关键。企业应该持续关注用户反馈，不断改进系统，提高用户在使用智能客服时的满意度。

智能客服行业的发展呈现出蓬勃的态势，技术的不断进步为其提供了更多的可能性。从技术驱动、行业应用广泛、大数据支持到实时监测和数据分析等方面，智能客服已经在提升企业客户服务水平、降低成本方面发挥了重要作用。

任务 2　直播电商客服兴起

一、认识直播电商客服

1. 直播电商的特点

直播那么火，客服准备好了吗

① 实时互动性：直播电商通过实时的视频直播形式，实现了主播和客户之间的即时互动。客户可以通过弹幕、评论等方式与主播进行实时交流、提问、询问商品信息，并能获得即时回复，增强了客户的参与感和互动性。

② 商品展示直观性：直播电商通过视频直播的形式展示商品，使客户能够直观地了解商品的外观、特点和使用方法。相比于传统电商平台上的图片和文字介绍，直播电商的商品展示更生动、更直观，有助于消费者做出更准确的购买决策。

③ 情感共鸣：直播电商中的主播与客户之间建立了一种情感联系，通过主播的口才和情感表达，能够激发客户的购买欲望和信任感。主播的个人魅力和情感表达能力成为吸引客户的重要因素，有助于提高购买转化率和品牌忠诚度。

④ 即时促销效果：直播电商具有即时性的促销效果。主播可以在直播过程中即时推荐促销活动和限时优惠，客户可以立即参与购买，实现即时交易，从而提高了销售效率和促销效果。

⑤ 社交化购物体验：直播电商为客户的购物体验增加了社交化元素。客户可以在直播过程中与其他客户互动，分享购物心得、交流使用体验，增强了购物的社交属性，为消费者提供了一种全新的购物方式和体验。

⑥ 销售转化率高：直播电商的商品展示更生动直观，主播的推荐和引导能够直接影响客户的购买行为，因此直播电商的销售转化率往往较高。客户在观看直播的过程中即可完成购买，无须跳转到其他页面，降低了购买的门槛和流程复杂度。

2. 直播电商客服的特点

① 实时互动性：直播电商客服具有更强的实时互动性。在直播过程中，客户可以直接通过弹幕、评论等方式向主播或客服提问，客服可以实时回复客户的问题，进行即时互动和沟通，与客户建立更紧密的联系。

② 情感表达和人情味：直播电商客服更注重情感表达和人情味。在直播环境下，客服可以通过语言、表情、声音等方式传递情感，展现出更亲切、温暖的服务态度，增强了客户的归属感和信任感。

③ 即时问题处理能力：直播电商客服需要具备更强的即时问题处理能力。由于直播环境下客户的提问和互动较为频繁，客服需要准确地回复客户的问题，解决客户的疑问和困扰，保证直播销售过程的顺利进行。

④ 个性化服务和推荐能力：直播电商客服通常具备更强的个性化服务和推荐能力。通过对客户的实时互动和了解，客服可以为客户提供个性化的购买建议和推荐，根据客户的需求和偏好推荐适合的商品，提高客户购物的准确性和满意度。

3. 直播电商客服面临的挑战

① 实时互动和高频率回复：直播电商客服需要在直播过程中与客户进行实时互动和高频

率地回复客户的提问和留言。相比于传统电商平台上的文字或电话客服，直播电商客服需要更快地做出回应，因为客户的问题和留言是即时的，而直播的节奏也较为紧凑。

② 多任务处理：直播电商客服需要具备较强的多任务处理能力。在直播过程中，客服可能需要同时处理多个客户的提问和留言，同时还需要与主播、其他客服人员和后台系统进行沟通和协调，需要做到灵活应对，保持高效率。

③ 客户情绪管理：由于直播电商是在实时进行的，观众情绪更直接和即时，客服需要具备良好的情绪管理能力，需要在观众情绪波动较大时保持冷静，有效化解矛盾，避免因情绪失控导致不良后果。

④ 技术故障和网络问题应对方法：直播电商客服可能会遇到技术故障和网络问题，如视频卡顿、断线等情况。客服需要具备一定的技术水平，能够快速定位和解决问题，以确保直播的顺利进行，避免影响客户的购物体验和购买意愿。

⑤ 客户信息安全和隐私保护：在与客户互动的过程中，直播电商客服可能需要处理大量的客户信息，如个人资料、订单信息等。客服需要严格遵守相关的信息安全和隐私保护规定，确保客户信息的安全性和保密性，避免信息被泄露或滥用。

因此，直播电商客服需要具备更灵活、更高效的工作方式，积极管理客户情绪，高效地协调内部关系，不断改进和优化服务流程，有效应对各种挑战，保障直播顺利进行。

想一想：相比于传统电商客服，直播电商客服的技能要求有哪些？

二、直播电商客服的场景预测

直播电商客服的场景预测是指直播电商客服人员站在客户的视角，体验在直播带货中不同阶段、不同场景下客户感知的盲点或对可能存在的疑问进行梳理，然后针对这些问题提出具体的措施，优化客户体验。

1. 预测各阶段高频问题

每个店铺、每个商品甚至每场直播中出现的高频问题都不相同，但从全局的视角，按照售前、售中、售后三个阶段进行分析，是可以洞察规律的，常见的高频问题主要体现在商品的使用及说明、发货的时间及方式和售后保障等几个方面。

（1）售前阶段

① 商品信息查询：客户可能会频繁地提出关于商品详细信息、规格、功能等方面的问题，以确保他们对商品的了解程度足够深，能够做出准确的购买决策。

② 优惠活动咨询：客户可能会关心直播间是否有优惠活动或促销政策，例如折扣、优惠券等，他们可能会询问活动的具体内容、使用规则等。

③ 购买流程指导：客户可能会对直播间的购买流程不够熟悉，可能会询问如何下单、支付方式、配送方式等相关问题，以确保购买流程顺利进行。

（2）售中阶段

① 商品介绍和演示：在直播过程中，客户可能会对商品的特点、功能、使用方法等方面提出问题，需要客服及时解答并进行商品演示，以帮助客户更全面地了解商品。

② 尺码、颜色等问题：对于服装、鞋帽等商品，客户可能会询问尺码、颜色等问题，需要客服提供准确的尺码对照表或颜色说明，以帮助客户选择合适的商品。

③ 库存和配送查询：客户可能会询问商品的库存情况以及配送时效，需要客服及时反馈

库存信息和配送安排，以确保客户能够及时收到商品。

（3）售后阶段

① 订单状态跟踪：客户可能会关心订单的发货状态和物流信息，可能会询问订单是否已经发货、预计配送时间等问题，需要客服及时提供订单状态并跟踪物流信息。

② 商品使用问题：客户在收到商品后可能会遇到使用上的问题，例如操作不熟练、功能不明确等，需要客服提供使用指导和解决方案，以确保客户正常使用商品。

③ 退换货流程：如果客户对收到的商品不满意或存在质量问题，可能会申请退换货，客户可能会询问退换货的流程、条件和注意事项，需要客服提供详细的退换货政策和操作指南，以确保客户的权益得到保障。

2. 确定服务降量方案

在预测不同阶段可能出现的高频问题时，客服人员要做到"防患于未然"，减少问题的发生，达到"服务降量"效果。因此，我们要针对出现的高频问题，分析产生的原因，确定其降量方案，如表 6-1 所示。

表 6-1　不同阶段高频问题的产生原因及降量方案

阶段	高频问题	产生原因	降量方案
售前阶段	商品信息查询	客户对商品的了解不足或直播带货前的宣传不充分	提前准备详细的商品资料和常见问题解答话术，通过直播前的宣传和信息推送，让客户提前了解商品信息，减少直播过程中的重复查询
	优惠活动咨询	客户对优惠活动不清楚或关注度较高	直播开始前和进行中不断宣传和提醒优惠活动，以及提供优惠活动的详细说明和使用规则，减少客户对优惠活动的疑问
	购买流程指导	客户对购买流程不熟悉或存在不确定性	提前准备购买流程的详细说明和操作指南，并在直播过程中不断重复和强调购买流程的关键步骤，确保客户能够顺利完成购买
售中阶段	商品介绍和演示	客户对商品的详细了解程度不同，需要不同程度的介绍和演示	根据商品的特点和客户的需求，精心设计商品介绍和演示内容，同时提供详细的文字说明和示范视频，以满足不同客户的需求
	尺码、颜色等问题	客户对尺码、颜色等方面的选择存在困惑或不确定	提供清晰的尺码对照表和颜色说明，同时在直播过程中展示实物尺码和颜色，让客户更直观地了解商品的尺码和颜色，减少客户的疑虑和犹豫
	库存和配送查询	客户对商品的库存和配送情况关注度较高，需要及时了解最新信息	在直播开始前和进行中不断更新库存信息和配送安排，并提供客服在线支持，及时回答客户的问题，减少客户的等待和不确定性
售后阶段	订单状态跟踪	客户对订单状态的关注度较高，希望能够及时了解订单的发货情况	提供订单状态查询功能和物流跟踪服务，让客户随时了解订单的最新状态，减少客户查询的需求和频率
	商品使用问题	客户对商品的使用方法和功能不熟悉，需要及时获取帮助和解答	提供详细的商品使用说明书和视频教程，并设立专门的客服热线和在线支持，为客户提供及时的使用指导和解决方案，减少客户的疑问和困惑
	退换货流程	客户对退换货流程不了解或存在疑虑	提供清晰的退换货政策和流程说明，包括退换货条件、流程和注意事项，并设立专门的退换货服务窗口，为客户提供专业的退换货服务，减少客户的担忧和不安

三、直播电商客户服务体系构建

1. 考虑因素

相比于传统电商，直播电商客户服务体系的构建需要考虑以下关键因素。

① 实时互动和沟通：直播电商客服需要具备更强的实时互动和沟通能力，这样才能与客户建立更直接、更密切的联系，实现更快速、更贴心的服务。

② 情感化交流和个性化服务：直播电商客服更注重情感化交流，通过真诚、温暖的语言和表情，为客户提供更人性化、更亲切的售后服务。

③ 商品演示和体验分享：直播电商客服可以通过直播平台进行实时的商品演示和体验分享，向客户展示商品的特点、功能和使用方法，帮助客户更全面地了解和体验商品。这与传统电商通过图片和文字介绍商品的方式不同，直播电商更具生动性和直观性。

直播那么火，客服准备好了吗

④ 用户参与和互动：直播电商客服鼓励用户参与和互动。在直播过程中，客户可以直接与主播和客服进行互动，提出问题、表达意见，以及参与互动环节，增强用户的参与感和忠诚度。

⑤ 社交化服务和口碑传播：直播电商客服可以利用直播平台的社交化特性，通过直播带货的方式进行商品推广和销售。同时，客户在直播过程中的互动和购买行为也可以成为口碑传播的媒介，扩大品牌影响力和市场份额。

⑥ 全渠道一体化服务：客服团队需要整合直播平台、社交平台、在线客服等多种渠道，为客户提供无缝衔接的服务体验。与传统电商相比，直播电商客服更注重各个渠道之间的互联互通，实现全方位的客户服务支持。

2. 步骤和方法

① 分析市场和客户需求：了解直播电商市场的特点和客户需求，分析目标客户群体的特征、偏好和行为，为构建客户服务体系提供指导。

② 制定服务策略和目标：根据市场分析和客户需求，制定适合直播电商的客户服务策略和目标，明确服务的定位、核心竞争力和目标成果。

③ 确定服务流程和标准：设计清晰的服务流程和操作标准，包括售前咨询、订单处理、售后服务等环节，确保客户服务的高效、规范和一致性。

④ 配置人员和技术支持：根据服务策略和流程，配置合适的客服团队和技术支持工具，包括客服经理、在线客服、技术支持人员等，以及在线聊天系统、客户关系管理软件等技术工具。

⑤ 开展培训：对客服团队进行专业培训，包括商品知识培训、沟通技巧培训、问题解决能力培训等，提升客服人员的专业水平和服务意识。

⑥ 建立数据分析和改进机制：建立有效的数据分析和改进机制，从客户反馈、服务质量指标等方面收集数据，及时发现问题和改进空间，优化服务流程和提升服务水平。

⑦ 强化跨部门协作和沟通：建立跨部门协作机制，促进客服团队与销售、运营、商品等部门的有效沟通和协作，实现全方位的客户服务支持。

⑧ 建立客户反馈和改进循环：建立客户反馈渠道和反馈机制，及时收集客户的意见和建议，将客户反馈作为改进的重要依据，持续优化客户服务体系和提升客户满意度。

⑨ 持续监控和优化：持续监控客户服务的执行情况和效果，根据数据分析和客户反馈，不断优化服务流程，提升服务水平，保持客户服务体系的持续改进和提升，从而提升客户黏性。

【同步实训】

【实训目的】

了解阿里店小蜜的基本功能，能灵活地使用跟单助手协助催付。

项目六　客户服务发展

【实训内容与步骤】

① 进入阿里店小蜜主界面，在左侧列表中选择"跟单助手"栏下的"跟单场景任务"选项，进入"跟单场景任务"界面。

② 点击"促进增收"栏中"【催付】下单未支付"任务下方的"新建任务"按钮。

③ 打开"请选择渠道"对话框，点击"小蜜自动"下方的"新建任务"按钮。

④ 打开"新建任务"对话框，设置催付任务（如图6-8所示）。

图 6-8　阿里店小蜜跟单助手催付操作界面

【项目小结】

随着电子商务的发展，出现了很多新的模式和技术，直播电商客服是电子商务全新模式下产生的新岗位需求，智能客服在人工智能技术迭代升级中的应用场景不断深化，与行业发展同频，了解客户服务发展趋势、方向也是企业成功的关键因素。本项目结合智能客服和直播电商客服的发展现状，从实操层面介绍了店铺如何运用智能客服及构建直播电商客户服务体系，帮助读者全面了解客户服务发展的现状和趋势，掌握智能客服和直播电商客服的基本知识和操作技能，为未来从事相关工作打下坚实的基础。

【同步测试】

1. **单项选择题**

（1）智能客服的优势不包括（ ）。
 A. 降低成本 B. 即时响应
 C. 提高服务效率 D. 美化网店形象

（2）下列不是智能客服应用场景的是（ ）。
 A. 智能接待 B. 自动触达
 C. 质检培训 D. 美化网店形象

（3）关于智能客服自动触达功能描述错误的是（ ）。
 A. 自动触达不需要任何设置 B. 可以为催付、催拍设置自动触达
 C. 可以根据店铺情况进行设置 D. 主要在促销、关怀、售后等方面提供服务

（4）直播电商客服售前阶段高频问题不包括（ ）。
 A. 商品信息查询 B. 优惠活动咨询
 C. 购买流程指导 D. 订单状态跟踪

（5）直播电商客户服务体系构建要考虑的因素有（ ）。
 A. 实时互动和沟通 B. 情感化交流和个性化服务
 C. 商品演示 D. 以上都是

2. **多项选择题**

（1）以下关于智能客服全自动接待模式的说法正确的是（ ）。
 A. 全自动接待模式与智能辅助接待模式可以同时开启
 B. 全自动接待模式与智能辅助接待模式不可以同时开启
 C. 全自动接待模式可以配置机器人的具体服务时间及接待百分比
 D. 全自动接待模式特别适合夜间无人工客服值守的店铺

（2）关于抖音飞鸽智能客服会话质检功能，以下说法正确的是（ ）。
 A. 人工质检后知后觉，无法及时发现问题
 B. 人工质检的抽样比例偏低，无法反映真实问题

C. 会话质检需要配置自定义质检点并启动官方质检点

D. 可以通过会话质检方式，实现客服与客户对话的实时告警功能

（3）如果阿里店小蜜已接待客户但未解决客户的问题，那么我们可以通过以下哪些方案进行优化？（　　）

A. 补全官方知识库问题的答案　　　　B. 关联商品，进行答案的精细化配置

C. 添加参数配置，代替原来的通用答案　D. 在答案中减少转人工客服的引导

（4）相比于传统电商客服，直播电商客服的特点是什么？（　　）

A. 实时互动性　　　　　　　　　　　B. 即时问题处理能力

C. 商品展示和演示能力　　　　　　　D. 个性化服务和推荐能力

（5）以下属于构建直播电商客户服务体系的流程和步骤的是（　　）。

A. 分析市场和客户需求　　　　　　　B. 制定服务策略和目标

C. 建立数据分析和改进机制　　　　　D. 持续监控和优化

3. 分析题

（1）以阿里店小蜜为例，如何快速开启智能客服的自动接待功能？

（2）请简要描述在售中阶段如何通过对用户体验历程的模拟来确定服务降量方案。